Michael Körner

DIE 10 GOLDENEN POKER REGELN

für Lissy

Michael Körner

DIE 10 GOLDENEN POKER REGELN

AniMazing

Autor: Michael Körner

Cover-Design: Claudia Herold,
www.werbegrafik-marketing.de
Lektorat: Sandra Mette
Druck: Erhardi-Druck, Regensburg

Fotos:
Michael Körner, Katja Thater, Michael Keiner,
Eddy Scharf, Matthias Rohnacher, Jan Heitmann, Pippa Flanders

Verlagsanschrift:
AniMazing GmbH
Im Gewerbepark A49
93059 Regensburg

ISBN: 978 3 940163-08-0
EAN: 4 260031 780616

INHALTSVERZEICHNIS

Vorwort .9
Pokersprache .13
English all over the world .14
Neue Wortschöpfungen .16
Der Kompromiss .17
Einleitung .19
„Spielt Ihr Cash oder Turnier?" .19

DIE 10 GOLDENEN REGELN .25

1. PACKEN SIE IHRE GEGNER IN SCHUBLADEN .27
Meine Gegner .28
Zu Gast bei Zockern .28
Besetzen Sie Klischees .30
Die Analyse .33
Poker am Anfängertisch .36
Verunsicherung nach falschen Rückschlüssen .38

ONLINE–EXKURS (1) .41

2. ACHTEN SIE AUF IHRE POSITION .43
Anzahl der Spieler am Tisch .44
Die frühe Position .45
Die mittlere Position .47

Die späte Position 48
Gus Hansens Punktesystem 50
Die Blinds 51
Blinds stehlen 52
Unterschiedliche Positionen, unterschiedliche Strategien 53
Turnierstrukturen 56

ONLINE-EXKURS (2) 57

3. SPIELEN SIE WIE EIN CHAMÄLEON 59
Die Poker-Tierwelt 60
Gefahrensituationen erkennen 61
Die Schleuderzunge 63
Attackieren wie ein Chamäleon 64

ONLINE-EXKURS (3) 69

4. SPIELEN SIE NICHT DIE NEUGIERIGE MELKKUH 71
Der deutsche Schnäppchenjäger 72
Nie callen? 73
Hand schützen 74
Kleine und mittlere Paare 78

5. BEACHTEN SIE DIE HÖHE DES EINSATZES 83
Orientierung an Pottgröße und Blinds 85
Die starke Hand: Value Bet 87
Der verpasste Flop: Continuation Bet 88
Billige Stehlversuche abwehren 90
Nicht jeden Draw bezahlen 92
Pot Odds 93

6. **EIN BLUFF IST EINE NOTLÖSUNG** 95
Semi-Bluff 97
Einen Move machen 97
Bluffen gegen Anfänger 101

7. **VERMEIDEN SIE VIELE ALL-IN SITUATIONEN** 103
Was bedeutet All-In? 103
All-In mit der ersten Hand 103
All-In gehen 105
Eher agieren statt reagieren 110

8. **SPIELEN SIE MIT SELBSTVERTRAUEN** 113
Karten zeigen? 114
Chiptricks 116
Sonnenbrille und MP3 117
On Tilt 120
Phil Ivey ist nicht Roger Federer 121

9. **MANAGEN SIE IHR SPIELVERMÖGEN** 123
Bankroll 125
„Was raten Sie jungen Leuten, die mit dem Pokerspiel beginnen?" 127
Mama hat recht 129

10. **DISZIPLIN** 131
Lesen, lesen, lesen 132
Spaß haben 133

Spielregeln 137
Grundlagen 137
Kartenkombinationen 138
Spielablauf 146
Texas Holdem 147
Omaha 148

Glossar 149

VORWORT

„Du hast doch schon so viele Pokerhände gesehen, Du musst doch wissen wie es geht."

Man hat es nicht leicht als Poker-Kommentator. Die interessanteste Erfahrung, die ich in den vergangenen zwei Jahren diesbezüglich gemacht habe, ist sicherlich, dass einen die Menschen entweder für allwissend halten oder alles daran setzen, einen anzugreifen, indem jeder Fehler gnadenlos aufbereitet wird. Mitzuteilen wie Poker geht, diesen arroganten Anspruch habe ich nicht. Der Hintergrund der 10 Goldenen Regeln ist ein völlig anderer.

Für die Pro7-Sendung „Die TV-Total-Pokerstars.de-Nacht" mit Gastgeber Stefan Raab bin ich als Kommentator aktiv. Vor der zweiten Sendung habe ich Stefan ein kleines Coaching gegeben und dafür 10 Regeln verfasst. Kurze und knappe Anweisungen, zusammengefasst auf wenigen DIN A5 Seiten. Während der Sendung schaute Stefan immer wieder in das kleine Booklet. Entweder weil sich am Tisch eine besondere Situation ergeben hatte (z. B. vor ihm wurde erhöht) oder er selbst eine gute Hand hielt. Sehr bald habe ich Dutzende Anfragen bekommen, was denn in diesen Regeln eigentlich stehen würde (Danke, Stefan!). Aus den Reaktionen konnte ich schließen, dass viele Poker-Anfänger keine Lust haben, sich durch dicke komplizierte Bücher zu quälen, sondern mit einem einfachen Grundgerüst ausgestattet, die ersten Schritte unternehmen wollen. Also habe ich die 10 Regeln überdacht und erweitert. Um in der TV-Sendung schnell nach Auswegen zu suchen, ist es vielleicht doch etwas zu umfangreich (Sorry, Stefan!), dafür soll es einen schnellen und unkomplizierten Weg zu den Poker-Fundamenten liefern.

Wie überall auf der Welt, zu allen Themen und allen Spielen, gibt es insbesondere beim Poker sehr viele Menschen, die glauben zu wissen, wie es geht. Wenn Sie einen Pokerspieler fragen, wie es gerade so läuft, wird er Ihnen mit an Sicherheit grenzender Wahrscheinlichkeit sagen: „Gut, wirklich." Oder „Ich hatte eine kurze Pechsträhne, aber jetzt läuft es super." Es scheint speziell unter den Online-Pokerspielern nur Gewinner zu geben. Legenden ranken sich um Spieler wie Johnny Lodden, Eric Sagström und andere. In diversen Foren werden Summen bis zu 50 Millionen Dollar genannt, die sich diese Jungs online erzockt haben. Und das ist nicht verwunderlich, jeder möchte ein Sieger am Pokertisch sein. Wer zu den besten Spielern der Welt gehört, den umgibt eine besondere Aura. So einer ist ein Macher, der knickt nicht ein, wenn es heiß wird. Ein Sieger am Pokertisch ist intelligent, nervenstark, cool und unfassbar reich – er ist ein Held.

Auch nach der Lektüre dieses Buches werden Sie sehr wahrscheinlich nicht zu dieser Gruppe gehören. Denn es ist ziemlich unwahrscheinlich, dass es diese Gruppe überhaupt gibt. „Wer nicht mindestens einmal sein gesamtes Geld verzockt hat, ist kein richtiger Pokerspieler." An diesem Satz des 3-fachen Weltmeisters Johnny Moss ist viel Wahres. Alle Pokerprofis und alle Menschen, die regelmäßig Poker spielen, sind Schwankungen ausgesetzt. Es gibt niemanden, der immer gewinnt; es gibt nur welche, die verlieren weniger als andere. Wer auf Dauer Poker nicht als Glücksspiel betreibt, sondern die Anzahl seiner Fehler reduziert, wird ein Gewinner sein. Ihr erster Schritt muss daher sein: Machen Sie weniger Fehler als andere Poker-Einsteiger. Gerade die ersten schlechten Erfahrungen können einem die Freude am Spiel rauben. Es gibt viele Anfänger, die sich im guten Glauben an den Pokertisch setzen, heute das Glück herausfordern zu müssen, und die dann beträchtliche Summen verlieren. Allerdings ist Poker kein Glücksspiel, sondern bedarf guter Grundlagen im Bereich Mathematik, Psychologie und Disziplin. In diesem Buch möchte ich allen, die zu einer kleinen Pokerpartie eingeladen werden, die Grundlagen vermitteln, die man braucht, um nicht als der komplette Außenseiter am Tisch zu sitzen. Denn nichts lieben Pokerspieler mehr als jemanden, dem sie das Geld aus der Tasche ziehen können. Da sind sie ausnahmsweise alle gleich.

Ja, auch Ihr gehört dazu:
Katja, Thater, Matthias Rohnacher, Eddy Scharf,
Michael Keiner und Jan Heitmann.
Direkt zu Anfang der Lektüre ein besonderer Dank an Euch
für den exklusiven Tipp an den Pokeranfänger.
Zugegeben, ich bin ein bisschen stolz, dass ich
alle deutschen Gewinner eines WSOP-Armbands
(Rohnacher, Scharf, Thater, Keiner)
für ihren speziellen Einsteigertipp gewinnen konnte.
Alle genannten waren zudem schon an meiner Seite
als Co-Kommentatoren bei DSF-Pokersendungen.
Ihr seid großartig! Alle miteinander!

POKERSPRACHE

Würde sich ein deutscher Sprachwissenschaftler in ein Poker-Onlineforum verirren, wäre vermutlich ein Megatrauma die Folge. Typisch sind dort Sätze wie: „Villain pusht nach dem Flop, da er genügend Equity hat. Heros Taktik: check-call Flop auf Flush Draw, bet-raise River mit completed Flush." Verrohung der deutschen Sprache oder unausweichliches „Denglish", weil die Alternativen fehlen? Eher letzteres.

Poker kommt nun mal aus dem anglophilen Sprachterrain, es gibt im Deutschen keine entsprechenden Begriffe für zum Beispiel Flop, Turn oder River. Das wichtigste Kriterium ist aber sicherlich: Sprache lebt, Sprache entwickelt sich. Mal einfach ein neues Wort erfinden, funktioniert nicht.

Vor einigen Jahren gab es einen Wettbewerb der Dudenredaktion in Zusammenarbeit mit einem Getränkehersteller. Man suchte ein Wort für das Gegenteil von „durstig". Für das Gegenteil von „hungrig" gibt es „satt", aber was soll man bloß sagen, wenn man keinen Durst hat? Am Ende des Wettbewerbs gewann das Wort „sitt".

Das große Problem, es hat sich nicht durchgesetzt, kein Mensch sagt heutzutage „Ich bin sitt“, wenn er keinen Durst verspürt.

English all over the world

Englisch ist weltweit die Geschäftssprache Nummer 1. Wenn deutsche Computerspezialisten untereinander kommunizieren, so wird vom „Manual“ statt vom Handbuch geredet, denn so stand es auch in der Mail an den Kollegen in Singapur. Trotzdem gilt: Think global, act local! Also sollte man deutschen Wörtern auch beim Poker eine Chance geben. „Ich erhöhe auf 120“ statt „Ich raise auf 120“ scheint durchaus akzeptabel. Doch beim häufig benutzten „call“ fällt eine deutsche Entsprechung nicht so leicht. Daher wird zwischen Flensburg und Oberammergau auch fleißig „gecallt“.

Ein echtes Hindernis sind deutsche Begriffe, wenn ein gewisser Coolness-Faktor abhanden kommt. Für „check“ böte sich das auch bei anderen Kartenspielen erprobte „schieben“ an. Doch wollen Sie Ihr lässiges Fingertippen am Pokertisch tatsächlich mit einem „ich schiebe“ begleiten? Problematisch wird auch die geschlechtliche Zuordnung: Bei „der Flush“ habe ich noch keine Beschwerden gehört. Allerdings schlich sich extreme Unsicherheit in meine Vorgehensweise, als ich beim TV-Turnier „Partypoker German Open“ auf Matthias Rohnacher traf. Matthias ist der erste deutsche Gewinner eines Armbands bei der WSOP in Las Vegas (1997 – Pot-Limit Omaha) und ein herausragender, dazu sehr erfahrener Pokerspieler. Er fragte mich, warum ich in meinen Übertragungen immer „die Straight" oder jemand hat „eine Straight" sagen würde. Es hieße doch eigentlich „der Straight" bzw. jemand hat „einen Straight". Aber seitdem im Fernsehen der Straight zum Weibe wurde, würden immer mehr Menschen umschwenken. Oops! So ganz wohl war mir bei der Sache nicht. Stellen Sie sich vor, Sie sind Fußballreporter und Franz Beckenbauer kommt zu Ihnen und sagt: „Es heißt das Drop-Kick nicht der Drop-Kick, so wie Sie es in Ihren Kommentaren verwenden!"

Wir hatten daraufhin eine sehr nette Diskussion. Ich gebe zu, meine Idee bei „Straight" war immer, eine Ableitung zur deutschen Entsprechung „Straße" herzustellen, also eine weibliche Form zu verwenden. Dabei bin ich bis heute geblieben und ich habe auch nicht die Absicht es zu ändern. Andererseits kann ich es altgedienten Casinohasen nicht verübeln, wenn sie kritisieren, dass plötzlich gewohnte Strukturen aufgebrochen werden. Ich halte dagegen und finde es befremdlich, dass viele erfahrene deutsche Profi-Pokerspieler den „Flush" als „Flash" aussprechen. Und da sträuben sich bei mir die Nackenhaare.

Neue Wortschöpfungen

Jemand, der fährt, ist ein Fahrer bzw. eine Fahrerin. Wer predigt ist ein Prediger. Aber wie heißt derjenige, der erhöht? Erhöher? Laut Duden gibt es im deutschen Sprachgebrauch den „Erhöher" nicht. Aber beim Poker wird ständig erhöht. Hier spricht die deutsche Fachliteratur oft vom „Raiser", angelehnt ans englische Verb „raisen" (erhöhen). Ein fürchterliches Wort! Bei „Raiser" denke ich an den ersten Nassrasierer mit fünf Klingen, an das Adoptivkind vom Bladerunner oder an ein Universalwerkzeug eines Homeshopping-Kanals. Aber nicht an jemanden, der gerade den Grundeinsatz erhöht hat. Doch was schert mich der Duden? Wir leben im 21. Jahrhundert und ich bemühte das Internet und die allgegenwärtige, allwissende Suchmaschine Google. Tatsächlich. Es gibt einen „Toilettensitz-Erhöher" ganz regulär bei einem Versandhandel zu bestellen. Man mag kein Wort für das Gegenteil für „durstig" gefunden haben, aber sollte jemand erhöhen, so ist er in meinen Augen ab sofort ein Erhöher bzw. eine Erhöherin. Nicht nur die Pokergemeinde wird die Neuschöpfung voller Freude aufnehmen, auch deutsche Auktionshäuser werden sich endlich klar ausdrücken können: „Das Bild geht an den Erhöher in der dritten Reihe!"

Der Kompromiss

Wie immer ist eine gesunde Mischung die verträglichste Lösung. Wenn ich E-Mails meiner pubertierenden Töchter lese, komme ich nicht umhin ihnen vorzuwerfen, dass sie mit dieser kryptischen Kürzelsprache à la „bin iwie müd, kA, awa hdggl ^^, cu“ nur einen kleinen Teil der Erdbevölkerung erreichen. Aber es gibt diese Sprache und sie wird – wenn auch nur von sehr wenigen Menschen – verstanden. Sprache lebt, insbesondere im Pokerland. Hier gibt es 1001 Neukreationen und Abwandlungen, die sich alle englischer Wortstämme bedienen. Nehmen wir das Beispiel einer „Donk Bet“. Den trotzigen Versuch, mit einem geblufften kleinen Einsatz den Pot zu stehlen, als „Esels-Einsatz“ zu bezeichnen, fällt in der Pokerszene ganz klar unter „no go“, Entschuldigung, ich meinte natürlich „geht nicht“.

In diesem Ratgeber wird „gecallt“, wir sitzen am „Button“, zahlen die „Blinds“ und haben einen „Draw“ und überhaupt setzen wir immer wieder Begriffe in Anführungszeichen. Diverse Male kommen wir an englischen Begriffen nicht vorbei. Ich bemühe mich, unsere zauberhafte Heimatsprache nicht zu kurz kommen zu lassen, aber manche Dinge entwickeln sich eben in andere Sprachrichtungen. Dabei sind wir Deutschen nicht die einzigen, die sich Anleihen in fremden Sprachen suchen, wenn kein geeignetes Wort greifbar ist. Was heißt im Russischen „belegtes Brot“? „Butterbrot“. Die Amerikaner sagen häufig „Gesundheit“, wenn jemand niesen muss. Und als der Franzose nicht wusste, wie er ein Oberlicht bezeichnen sollte, bediente er sich im Deutschen am Satz „Was ist das?" und nannte das kippbare Fenster „Vasistas". Bleibt noch das Beispiel vom türkischen Schaffner. Wenn er den Zug abfahren lässt, ruft er: „Fertik!"

EINLEITUNG

„Spielt Ihr Cash oder Turnier?"

Alle spielen Poker. Die Jungs aus dem Marketing, die Clique vom Patrick (ja, die mit den Mädels), die Fußballer auf der Heimfahrt etc. Und eigentlich möchten Sie ja auch mal. Die Kollegen hatten bereits gefragt, die ehemaligen Skatbrüder, die längst auf Poker umgestiegen sind, auch. Aber wie soll das funktionieren? Ihre letzte Poker-Erfahrung liegt lange zurück. Damals mit 13 im Baumhaus. Jeder Spieler bekam fünf Karten, es wurde gesetzt, dann konnte man eine beliebige Anzahl an Karten tauschen. Wieder wurde gesetzt. Draw Poker nennt sich diese Variante und ist nichts anderes als „Wer blufft besser?", fast ein reines Glücksspiel. Unglücklicherweise verbinden viele Menschen Poker mit genau dieser Variante. Das mag ein Grund sein, warum immer noch vom Glücksspiel die Rede ist, wenn es um Poker geht. Immerhin, so manche Runde wurde gespielt, Begriffe wie Flush, Drilling, Straight sind einem irgendwie noch geläufig. Und da jedes Spielkind auch am Würfelzock „Kniffel" nicht vorbei kam, glauben viele Pokereinsteiger heute auch noch vehement, es gäbe die „große" und die „kleine"

Straße. Dieses dezente Viertelwissen hat Vor- und Nachteile. ***Vorteil:*** Sie spielen gerne, können mit bestimmten Begriffen etwas anfangen. Sie sind neugierig, ein geselliger Typ, es wird einfach Zeit für eine Pokerrunde. **Nachteil:** Sie sind das gefundene Fressen. Auf Menschen wie Sie wartet die Pokergemeinde. Wenn Sie bei einer Pokerrunde zusagen, startet die Welle: „Habt Ihr schon gehört er/sie hat zugesagt", dabei ist Ihnen selbst nicht ganz wohl. Vor Ihrem inneren Auge sehen Sie Menschen, die sich ein Lätzchen schnüren, die Messer wetzen, feixend die Telefonkette fortführen: „Morgen ist es soweit, Du kannst doch, oder?". Dabei ist das alles gar nicht persönlich gemeint. Aber dem Freund und/oder Kollegen eins auswischen, nur ein bisschen, nicht böse, ist in unseren Landen mindestens so beliebt, wie bei Ebay das Klappsofa „Lundgren" noch mal 5 Euro billiger zu bekommen als in dem Möbelladen, wo es auch diese unwiderstehlichen Köttbullar gibt. Jetzt gilt es vorbereitet zu sein.

Auf die Frage des Gastgebers, ob man nicht Lust hätte, mal bei einer Pokerrunde vorbeizuschauen, sollte man zuerst die wichtigsten Informationen möglichst unbedarft einholen. „Na ja, Lust hätte ich schon, wie viele seid ihr denn? Spielt ihr häufiger?" So unverfänglich wie diese Fragen klingen, die Antworten sind Gold wert. Ist die Antwort: „Wir lassen maximal sechs Leute zu, spielen seit 2½ Jahren jeden Dienstag, das Buy-In beträgt 250 Euro", dann wünschen Sie ein gutes Blatt und schauen mal, ob die ehemalige Bowlingrunde noch besteht. Wenn es jedoch heißt: „Och, keine Ahnung, wer gerade Lust hat. Keine großen Einsätze, wir haben ja alle mal klein angefangen", dann sollte Ihre nächste Frage nach maximal einer Sekunde Wartezeit lauten: „Spielt Ihr Cashgame oder Turnier?" Bingo! Die Pokerpartie ist eröffnet, bevor das erste Blatt gelegt wurde. Sie haben sich eindeutig als Fortgeschrittener zu erkennen gegeben.

CASHGAME: Ein Cashgame kann theoretisch bis zum Sankt Nimmerleinstag gespielt werden. Wer seine Chips verspielt hat, holt sich neue und weiter geht's. Beispiel: Ihre Pokerrunde entscheidet sich zu einem Cashgame, jeder Spieler tauscht 10 Euro in Chips um. Die 10 Euro sind das maximale Buy-In für die Runde. Die Blinds sind 10c/20c, bei den Einsätzen gibt es nach oben kein Limit. Sie könnten also in der ersten Runde mit der ersten Hand den maximalen Stack setzen, die 10 Euro an Chips, die Sie gerade getauscht haben. Die Blinds werden hier nicht angehoben, hat man seine Chips verspielt, kann man sich einfach neue kaufen. Es besteht auch die Möglichkeit, nach jeder Runde nachzukaufen, allerdings nur bis zur maximalen Buy-In Höhe. Man füllt sozusagen wieder auf, so dass wieder Chips im Wert von insgesamt 10 Euro vor einem liegen. Der große Vorteil: Keiner muss ausscheiden und zugucken, alle können immer mitmachen. Hat jemand sein persönliches Limit verspielt, sollte er aufhören. Dealer werden immer gerne genommen – besser ein schlecht gelaunter als gar keiner... Selbstverständlich können Sie bei den Buy-Ins variieren wie sie wollen. Als Faustregel gilt: Das 50-fache vom Big Blind ist das maximale Buy-In.

TURNIER: Die beliebteste Variante bei Privatrunden. Die Spieler sind mit den Abläufen vertraut, weil das die Spielart ist, die sie aus dem Fernsehen kennen. Jeder bekommt eine gewisse Anzahl an Chips. Sind die Chips verspielt, ist das Turnier für denjenigen beendet. Der große Nachteil: Diejenigen, die ausscheiden, sind zum Zuschauen verdammt. Und wenn sich die zwei Letzten ein nerviges Ein-Stunden-Heads-Up liefern, kann einem der Spaß schon vergehen. Daher kann es durchaus Sinn machen, mit Re-Buys zu arbeiten.

Einige Turnierbeispiele:

FREEZE-OUT: Hier gib es kein Re-Buy. Jeder Spieler zahlt 10 Euro in den Preispool, bekommt 1500 an Chips. Die Blinds sind zu Beginn bei 10 (SB) und 20 (BB), werden alle 20 Minuten erhöht. 20/40, 40/80, 80/160 könnten die nächsten Blindstufen sein. Werden die Blinds in kürzeren Abständen erhöht und sind die Schritte zwischen den Leveln größer, so wird das Spiel schneller. Bei sechs Spielern (sechsmal 10 Euro) werden der Erst- und Zweitplatzierte ausbezahlt, 40 Euro für Platz 1 und 20 Euro für Platz 2.

RE-BUY: Das Turnier startet wie bei der Freeze-Out Variante. Hat ein Spieler alle Chips verspielt, so kann er zum Preis des ursprünglich vereinbarten Buy-Ins noch mal die gleiche Anzahl an Startchips einkaufen. Das Geld wandert in den Preispool. Die Möglichkeit und die Anzahl der Re-Buys sollte man jedoch begrenzen. Bis zum vierten

Blindlevel oder innerhalb der ersten Stunde sind übliche Beschränkungen bei Re-Buy-Turnieren. Es gibt auf Profiebene auch Turniere mit nicht limitierten Re-Buys. Im verzweifelten Kampf, ein Turnier der WSOP 2006 zu gewinnen, kaufte der kanadische Superstar Daniel Negreanu bei einem $1.000 Buy-In 48-mal nach und investierte damit insgesamt 49.000 Dollar! Ins Geld kam er trotzdem nicht...

Ob Sie sich für Cashgame oder Turnier entscheiden, bleibt selbstverständlich Ihnen überlassen. Die Spielweisen und Strategien unterscheiden sich allerdings in erheblichem Maße. Kurioserweise trifft man sehr häufig Spieler, die sich nur bei einer Variante richtig wohlfühlen und keine nachvollziehbare Begründung liefern können, warum das so ist. Es gibt allerdings die Tendenz, dass Pokereinsteiger sich mehr dem Turnierspiel hingezogen fühlen. Auch bei Profis gibt es Spezialisten. Phil Hellmuth hat zehn Turniere bei der World Series gewonnen, alle beim NL Texas Holdem. Im Cashgame soll er allerdings ein Opferlamm sein – so jedenfalls macht es in Las Vegas die Runde...

Für Ihre private Runde empfehle ich mit Cashgame anzufangen, im Laufe des Abends kann man auf Freeze-Out umsteigen. Dann besteht für diejenigen, die ausscheiden, die Möglichkeit den Pokerabend zu beenden und heimzufahren.

So unterschiedlich die Strategien bei Cashgame und Turnier sind, die hier besprochenen „Goldenen Regeln" können auf beide Varianten angewendet werden. Wenn es angemessen erscheint, werde ich auf eventuelle Unterschiede eingehen. Der Schwerpunkt liegt aber auf der Turnierform, da aktuell in den Privatrunden sehr viel mehr Turniere gespielt werden.

DIE 10 GOLDENEN POKER REGELN

1. PACKEN SIE IHRE GEGNER IN SCHUBLADEN

Erinnern Sie sich an Ihre erste Tanzstunde? Nach vielen Versuchen, alle Interessierten unter einen Hut zu bekommen, ist es jetzt soweit. Die über allem schwebende Frage war selbstverständlich, mit wem um alles in der Welt werde ich tanzen? Sie sollte ziemlich hübsch sein, damit man bei seinen Kumpels prahlen konnte. Sie sollte die groben Anfängerfehler verzeihen, damit man eine gute Figur abgab. Und natürlich sollte sie einen extrem toll finden, denn die Zusage für den Abschlussball stand noch aus. Ich gehe davon aus, dass auch die Damen unter den Lesern eine ähnliche Erwartungshaltung hatten...

Mit all diesen Hoffnungen gehen Sie zur Tanzschule, bedingt nervös, aber auch bereit, die Herausforderung in jedem Fall anzunehmen. Die einzige Information, die Sie haben, bevor Sie aufs rutschige Parkett gehen: Sie können nicht tanzen.

Ihre erste Pokerrunde steht an. Nach vielen Versuchen alle Interessierten unter einen Hut zu bekommen, ist es jetzt soweit. Die über allem schwebende Frage ist selbstverständlich, mit wem um alles in der Welt pokere ich eigentlich? Sie sollten einem die groben Anfä…

Okay, beschränken wir uns auf das Wesentliche.

Die einzige Information, die Sie haben, bevor Sie sich an einen Pokertisch setzen, ist: Sie können nicht pokern. Sie kennen die Regeln und das Ranking. Aber wann muss ich setzen? Und wie viel? Wer sind überhaupt meine Gegenspieler? Und was denken meine Gegner über mich?

Meine Gegner

Und genau damit ist der erste Schritt getan. Bevor die Runde losgeht, sollten Sie sich im Klaren sein, was da auf Sie zukommen könnte. Sie müssen jetzt keinen Privatdetektiv beauftragen, der im Vorfeld die Lebensgewohnheiten Ihrer Gegner ausspioniert. Aber es ist durchaus hilfreich, wenn Sie sich darüber informieren, welche Erfahrungen die anderen Teilnehmer schon gemacht haben. Die Art und Weise wie Poker gespielt wird, variiert dramatisch, je nachdem, ob es sich um erfahrene Spieler handelt oder um absolute Neueinsteiger.

Zu Gast bei Zockern

Mal angenommen, Sie wurden von einer Runde eingeladen, die aus erfahrenen Spielern besteht. Sie haben sich für die Einladung bedankt, sogar noch leicht naiv angemerkt, dass Sie ein Anfänger sind. Aber Sie sind ein neugieriger Typ, aufgeschlossen und gesellig. Was kann schon passieren? Außerdem haben Sie sich ein persönliches Limit gesetzt. Sie betreten nun voller Vorfreude das Wohnzimmer des Gastgebers. Unglücklicherweise hatte die U-Bahn noch Verspätung, Sie sind also derjenige, auf den alle gewartet haben und zwar im wahrsten Sinne des Wortes. Schauen Sie sich die Spieler an! Die Gier ist ihnen ins Gesicht geschrieben! In den Mundwinkeln sammelt sich der Speichel, unruhig rutschen sie auf den Stühlen hin und her, vermutlich werden Sie zuerst ein „Okay, dann kann's ja losgehen!" hören statt „Guten Abend!"

Es gibt für diese Spieler nur ein Ziel: Sie zu schlagen!

Das ist doch schon mal eine prima Info. Man nimmt Sie nicht für voll. Versuchen Sie dieses Image zu Ihrem Vorteil auszunutzen. Ein Platz am Tisch ist bereits für Sie reserviert, doch bevor Sie Platz nehmen, schauen Sie sich sehr genau die beiden Spieler an, die rechts von Ihnen sitzen. An einem Pokertisch wird immer im Uhrzeigersinn gespielt. Glauben Sie nicht, die Runde hätte Ihnen irgendeinen Platz zugewiesen, hier wird im Zweifel mit Kalkül gearbeitet. Die beiden Spieler rechts von Ihnen sind diejenigen, die angreifen werden, wenn Sie Small oder Big Blind sind. Es besteht durchaus die Möglichkeit, dass der Spieler, der am Button sitzt, wenn Sie den Big Blind bezahlen, ein aggressiver, etwas wilder Typ ist, der schon vor Ihrer Anwesenheit geprahlt hat, dass er Ihnen sicherlich 32-mal den

Big Blind stehlen wird. Das wäre gar nicht so schlecht, solche Spieler erhöhen viel, spielen viele Hände und machen viel Wind. Warum ist es besser, wenn solche Typen rechts von Ihnen sitzen? Ideal ist, wenn die zurückhaltende Fraktion links von Ihnen sitzt und die wilde Bande rechts. Sie haben den Informationsvorsprung auf die Wilden – was nach Ihnen passiert ist leichter kalkulierbar. Wenn „Fraktion Wild" nicht spielt, gibt Ihnen das gute Chancen, die Initiative zu ergreifen, da Sie von „Fraktion Passiv" nicht die heftigste und auch eher selten Gegenwehr erwarten. Wenn Ihnen bei der Sitzverteilung, die man Ihnen aufgezwungen hat, nicht ganz wohl ist, dann bestehen Sie darauf, dass neu ausgelost wird. Ansonsten setzen Sie sich völlig entspannt an den zugewiesenen Platz und werfen einen schnellen, aber intensiven Blick in die Runde.

Besetzen Sie Klischees

Ab sofort ist das Radar in Betrieb. Erkennen Sie irgendwelche Dinge, die Ihre persönlichen Klischees bedienen? Goldkettchenträger am Start? Sonnenbrillen? Und wer hält gerade die Karten in der Hand? Derjenige, der momentan das Kartendeck hält, ist vermutlich der Ungeduldigste am Tisch. Er möchte anfangen, er übernimmt die Initiative. Solche Typen sind oft sehr von sich überzeugt, sie glauben zu wissen, wie das Spiel funktioniert. Typen, die Sätze sagen wie „Gib mal her, lass mich das mal machen!" Typen, die einen verwundert anschauen, wenn man gegen sie antritt. Dazu später mehr.

Wichtig ist, dass Sie von der ersten Sekunde an Ihre Gegner beobachten. Ihr System sollte dabei so gut funktionieren, dass Sie nach spätestens einer Stunde in der Lage sind, den Spielern Begriffe wie „aggressiv“, „verspielt“, „passiv“, „neugierig“, „vorlaut“ zuzuordnen. Das Beobachten der Spieler ist ein zentraler Punkt beim Live-Poker. Das Hauptproblem ist sicherlich, dass man selbst nicht zum Hobby-Psychologen mutieren möchte und konstantes detailliertes Beobachten eine unglaublich anstrengende Sache ist. Man möchte doch eine entspannte Runde Poker spielen und nicht unter Dauerstress stehen. Das ist schon richtig. Allerdings vergeudet man auch viel Zeit beim Pokerspiel. Wenn man davon ausgeht, dass man nur jede dritte Hand spielt, so bleibt viel Zeit, sich das Spiel der anderen genau anzuschauen. Das könnte eine gute Strategie für Ihre ersten Runden sein. Spielen Sie nur die megastarken Hände, schauen erst mal zu, was die anderen am Tisch veranstalten. Vor allem beim Cashgame, wo Sie nicht Gefahr laufen, von steigenden Blinds verzehrt zu werden, lohnt der verhaltene Einstieg. Und so kann eine Position auf dem Horchposten aussehen:

Cashgame 10 €, Blinds 10♣/20♣, sieben Spieler.

Sie sitzen im Big Blind.

Ihre Hand: 9♠3♣

Es ist erst die dritte Runde, die gespielt wird, Sie waren bisher in keinen Pott verwickelt. „Raise!“ Unmittelbar links von Ihnen geht die Action los. Der Spieler in erster Position möchte erhöhen. „Damit Ihr alle wisst, woran Ihr heute bei mir seid, 60!“ Aha, die Erhöhung plus ein markiger Spruch, da fühlt sich jemand wohl mit seinem Blatt. Links vom Big Blind sitzt man „Under the Gun", ein anderer Begriff für die erste Position, man hat keinerlei Informationsvorsprung, es ist demnach eine schlechte Position. Der Spieler erhöht auf 60. Die zwei nächsten Spieler passen, jemand geht mit, es wird weiter gepasst, bis Sie an der Reihe sind. 40 müssen Sie bringen, 20 haben Sie bereits bezahlt, den Big Blind. Ihre Verunsicherung in dieser Runde von erfahrenen Pokerspielern ist hoch, Sie wissen, 93 ist keine tolle Hand, also weg. Sie passen zwar Ihre Hand, aber Sie verfolgen weiter aufmerksam das Geschehen am Tisch. Jetzt der Flop: J♦-9♠-3♥

Ein kurzes Magenziehen stellt sich ein, Sie hätten zwei Paare gefloppt. Ärgerlich, aber das werden Sie immer und immer wieder erleben. Nicht ablenken lassen, sondern sofort die Antennen ausfahren, jetzt wird beobachtet. Der Spieler links von Ihnen checkt, bleibt stumm, kein Spruch mehr dazu. Auch der zweite Spieler checkt. Es scheint also, dass der Flop keinem geholfen hat. Das zumindest ist Ihre erste Annahme. Der Turn: T♥. Herz 10. Sofort ein Check vom Spieler zu Ihrer Linken. Der zweite Spieler allerdings wartet noch, schaut sich seine Karten an und überlegt weiter. Die 10 hat irgendwas verändert. Oder vielleicht auch die Tatsache, dass ein zweites Herz auf dem Tisch liegt. 9, 10, Bube – könnte auch sein, dass er die Dame hält oder eine 8 und demnach einen Straight Draw hat. Er setzt: „10!" Jetzt sollten Sie mitrechnen. Jemand hat vor dem Flop 60 gesetzt, es wurde gecallt, die beiden Blinds sind ausgestiegen. Also lagen 150 im Pott. Und nun setzt jemand 10! Das erscheint selbst Ihnen als Pokerneuling sehr wenig und es verwundert nicht, dass der Typ links von Ihnen sofort den Einsatz bringt, also callt. Warten Sie mit weiteren Schlussfolgerungen, die Situation ist günstig für einen Showdown, das bedeutet, Sie bekommen die Karten der Spieler am Ende zu sehen. Der River: 4♦. Wieder wird links gecheckt, der zweite Spieler zuckt kurz mit den Schultern, dreht seine Karten um und gibt einen kurzen Begleitkommentar ab: „Ich habe bloß zwei Achten!" „Das reicht gegen meine absoluten Hasskarten! Oh, ich hasse Ass König!" Der Spieler links schmeißt minimal angesäuert seine Starthand in die Mitte. Während der Sieger seinen Pott einstreicht, lassen Sie kurz Revue passieren, welche Informationen Sie sammeln konnten. Ein Spieler „Under the Gun" hat mit einer starken Starthand erhöht, ein anderer mit Pocket-Pair gecallt. So weit so gut. Nachdem der ursprüngliche Aggressor den Flop nicht getroffen hat, wird er sehr verhalten. Auch der zweite Spieler ist zurückhaltend. Erst als er auf dem Turn einen Straight Draw hat, kann er sich zu einem kleinen (zu kleinen) Einsatz durchringen. AK callt den Minieinsatz, denn durch die 10 hat ja auch er die Chance zur Straight (mit einer Q), dazu noch die Möglichkeit A oder K auf dem River zu treffen.

Die Analyse

Es bleibt als Info: Zwei vorsichtige Spieler, die nur spielen, wenn sie sich ihrer Sache sicher sind. Dazu ein Spieler, der keine sonderlich gute Vorstellung abgibt, indem er eine falsche Setzgröße wählt. Der Spieler links von Ihnen hat vor dem Flop alles richtig gemacht, allerdings die Aggressivität nach dem Flop vermissen lassen. Außerdem hasst er AK – auch eine Info. Spieler 2 hat vermutlich seinen ganzen Mut aufbringen müssen, mit seinen zwei Achten vor dem Flop zu callen. Er wirkt sowieso recht ängstlich, sehr still und trägt als einziger am Tisch eine Krawatte. Lang lebe das Klischee! Im Verlauf der nächsten Runden erzählt der Krawattenmann, dass er heute nicht so lange bleiben kann, denn morgen ist um 8.30 Uhr Betriebsversammlung, da muss er unbedingt hin. Schublade auf: Der Krawattenmann ist vermutlich ein sehr korrekter Typ, der darauf bedacht ist, wenig Risiko einzugehen. Ein Bluff ist für ihn, mit einem Pocket-Pair und Open-Ended-Straight-Draw ein Fünfzehntel des Potts zu riskieren. Die Pokerrunde ist ihm heilig. Seine Spielweise lässt vermuten, dass er langfristig weder zu den großen Gewinnern noch zu den großen Verlierern gehört. Würde er viel Geld verspielen, hätte ihm seine Frau längst die Leviten gelesen. So ist sie froh, wenn er sich zumindest ab und an mal „mit den Jungs" trifft, die 10 oder 20 Euro Verlust kann auch sie verschmerzen. Schublade zu.

Und der Typ links von Ihnen?

Schublade auf: Nach der verlorenen Hand öffnet er sich ein Bier, sein zweites. Er scheint deutlich emotionaler zu sein, haut auch mal einen Spruch raus, wird aber mundfaul, wenn die Karten nicht kommen. Er hat zu gewissen Händen eine besondere Beziehung. Dann neigt er dazu, Dinge zu tun, die einem Bauchgefühl entspringen. Demnach interessiert er sich auch nicht für Wahrscheinlichkeiten oder anderen statistischen Quatsch. Im Gegenteil, spätestens nach dem vierten Bier werden seine Entscheidungen einen irrationalen Touch bekommen. Aber aufgepasst: Solche Typen spielen dann 53 offsuit gegen zwei Erhöhungen und ziehen sich auf dem River das Full House. Mal geht er mit deutlichem Plus nach Hause, aber immer wieder gehört er auch zu den großen Verlierern in der Runde. Schublade zu.

Macht doch Spaß, oder? Ganz so einfach funktioniert die Welt natürlich nicht. Aber es gibt eigentlich kein Poker-Fachbuch auf dem Markt – abgesehen von reinen statistischen Fachbüchern –, das sich erlauben kann, auf die Spezifizierung menschlicher Verhaltensweisen am Tisch zu verzichten. Immer wieder wird man mit Aussagen konfrontiert wie „Ein aggressiver Spieler erhöht aus der frühen Position…" oder „Ein loose-passiver Spieler callt nach einer Erhöhung…". Je früher Ihre Beobachtungen einsetzen und je genauer Sie dabei vorgehen, umso mehr wird sich im Laufe des Abends das Puzzle zusammensetzen. Poker ist auch deswegen ein ungemein geselliges Spiel, weil Sie Ihre Mitspieler am Tisch besser kennenlernen. Dabei wird sich so manches Vorurteil bestätigen und Überraschendes zu Tage gefördert. Vergessen Sie dabei nicht, auch Ihr Verhalten am Tisch ständig zu hinterfragen. Warum reagieren meine Gegner so wie sie reagieren? Was habe ich für ein Image am Tisch? Habe ich viele blöde Fragen gestellt?

Poker am Anfängertisch

Etwas anders verhält sich die Situation, wenn Sie gemeinsam mit Freunden oder Kollegen beschließen, erstmals eine gemeinsame Pokerrunde zu veranstalten – sprich, für alle Teilnehmer ist es das erste Mal. **TIPP:** Klären Sie die Höhe des Buy-Ins und die gespielte Variante im Vorfeld ab. Es gibt keinen schlechteren Einstieg in einen Pokerabend, als mit mürrischen Spielern am Tisch zu sitzen, denen plötzlich die Einsätze zu hoch sind oder die mit der Spielvariante überfordert sind. Die Vorgehensweise bei der Beobachtung der Spieler ist ähnlich wie bei der Runde mit erfahrenen Hobbyspielern, allerdings mit einem großen Unterschied: Durch die Verunsicherung, die bei jedem Einsteiger entsteht, wenn er am Tisch sitzt, ändern sich die Verhaltensweisen. Ein eigentlich lauter und lustiger Typ wird eher verschlossen, ein stiller Typ leicht nervös. Schöne Beispiele gibt es aus den Stefan Raab Pokersendungen „TV-Total Pokernacht“, bei der ich regelmäßig als Experte dabei bin. Zu einer Sendung war der Komödiant Michael Mittermeier geladen. Circa 1½ Stunden vor der Sendung haben wir in kleiner Runde gepokert, Michael war mit dabei. Natürlich wollte er in kurzer Zeit noch mal ein paar Tipps bekommen, war konzentriert, aber auch extrem lustig. So wie man sich den Kerl vorstellt, ab und an ein dummer Spruch, hier ein Bluff, da ein Gag. Super, dachte ich, der wird die Runde ordentlich aufmischen. In der Sendung bekam Michael aber kaum ein Wort raus. Man konnte ihm anmerken, wie konzentriert er war und wie sehr er sich bemühte, die richtige Entscheidung zu

● ● ●

PROFI-TIPP (1)

„Beobachte Deine Gegner, wie sie sich ihre Karten ansehen. Deine Holecards ändern sich nicht! Warte im Live-Spiel daher, bis Du dran bist. Genauso verhält es sich beim Spiel auf dem Button. Warte ab, wie Deine Gegner sich z.B. auf dem Flop verhalten. Lies in ihrem Verhalten und richte Dein Spiel danach , ganz gleich wie Deine Karten sind."

Katja Thater

1. Platz WSOP 2007 $1.500 Razz

● ● ●

treffen. Aber wer auf einen lustigen Spruch wartete, der wurde enttäuscht.

Gleiches galt für Hugo Egon Balder, dessen Wortanteil abnahm, je höher die Aussicht auf einen lukrativen Gewinn wurde. Umgekehrt blödelte Michael „Bully" Herbig von der ersten bis zur letzten Hand. Ihm merkte man an, dass es ihm völlig egal war, ob er Erster oder Sechster wird. Sitzen Sie also in netter Premierenrunde zusammen und der Büroclown wird zum stillen Brüter, dann können Sie sicher sein, dass er gerade überlegt, wie er sein Full House spielen soll. Trotzdem gilt auch hier: Arbeiten Sie mit Schubladen. Wer ist mutig, wer blufft gerne? Nutzen Sie jeden Showdown zur Analyse und gehen Sie die Hand noch mal durch, wann wurde gesetzt, wann nicht? Wie haben sich die Spieler dabei verhalten? Die berühmten „Tells" am

Pokertisch, die Anzeichen, mit denen sich die Spieler verraten, sie sind besonders bei Anfängerrunden inflationär. Hat sich der Spieler vor dem Raise nicht noch mal näher an den Tisch gesetzt, den Stuhl zurechtgerückt? So als wollte er allen sagen, bei der Hand hier, da bin ich dabei. Hat meine Gegnerin nicht direkt ihren wertvollsten Chip in die Hand genommen?

Gute Spieler setzen solche Tells gezielt ein. Ich saß mal neben einem Typ, der hatte einen extremen Tell. Immer wenn er setzte (er saß rechts neben mir) und ich zu meinen Chips griff, um zu setzen oder zu erhöhen, griff er selbst in seinen Chipstapel, um zu signalisieren, mach du ruhig, ich bin bereit, ich zahle alles! Allerdings machte er das nur bei Händen, bei denen er sich selbst nicht so ganz sicher war. Das wirkte auf Dauer so albern, dass ich ihn fast darauf hingewiesen hätte. Generell gilt, versuchen Sie so undurchschaubar wie möglich zu sein. Sind Sie normalerweise ein lustiger Vogel, der gerne den Entertainer gibt, so bleiben Sie einfach wie Sie sind. Alles, was Sie anders erscheinen lässt als sie sonst sind, macht Sie verdächtig.

Verunsicherung nach falschen Rückschlüssen

Problematisch wird die Situation, wenn Ihre Beobachtungen zu falschen Rückschlüssen führen. Wenn zum Beispiel der vermeintliche Chipverschwender plötzlich ein Paar Asse langsam und gemächlich spielt und Sie mit Ihrem KQ bei einem Board von K-10-7-4-2 auf dem River noch eine vermeintlich nette Erhöhung mitgeben. Dadurch darf man sich nicht großartig beeindrucken lassen. Die Typenbeschreibung bekommt ein Update und weiter geht's.

Das Thema „Beobachten beim Poker" ist schier unendlich. Erschreckend ist, mit welcher Präzision Profispieler ihre Einschätzungen treffen können. Sie können so viele unterschiedliche Informationen sammeln und filtern, dass am Ende eine Kleinigkeit reicht, um eine korrekte Schlussfolgerung zu ziehen. Der deutsche Profi Georg Danzer beobachtete im März 2007 als Co-Kommentator einer Internet-Übertragung beim EPT-Event in Dortmund das Geschehen am Haupttisch. Es wurde ein netter Pott ausgespielt, ein Spieler hatte noch mal saftig erhöht und wartete auf die Antwort des Gegners. „Er hat getrunken, während er auf die Antwort wartet, also hat er eine starke Hand!" war Danzers Analyse. Zusätzlich zu den Informationen, die er schon im Vorfeld über den Spieler gesammelt hatte, z.B. wann setzt er wie viel und aus welcher Position, fehlte noch ein kleines Mosaiksteinchen, um das Urteil zu fällen. Der Spieler hatte übrigens KK. Chris Moneymaker hat bei der WSOP 2003 den entscheidenden Bluff gegen Sam Farha im Heads-Up gewonnen, weil er wusste, mit welcher Hand Farha die Chips trickreich auftürmt, wenn er blufft. Diese Info war 2,5 Millionen Dollar wert!

Keine Frage, in einer illustren Runde mit vielen Gesprächen, alkoholischen Begleitumständen etc. kann es unglaublich mühsam sein, die Antennen pausenlos richtig zu justieren. Aber auch wenn der Empfang nicht immer störungsfrei ist, ganz abschalten sollten Sie den Empfänger nicht.

ONLINE-EXKURS (1)

Beim Online-Poker Rückschlüsse auf Spielertypen zu ziehen, ist deutlich komplizierter als beim Live-Poker. Die eigentlichen Informationen, die ich über meine Gegner habe, sind die Häufigkeit und die Höhe ihrer Einsätze aus den unterschiedlichen Positionen. Hier gibt es hervorragende Software, wie Pokertracker oder Pokeroffice, die eine Datenbank anlegt und mit der man ganz ausgezeichnet die Spieler am Tisch (und natürlich auch sich selbst) analysieren kann. Alle anderen Informationen sollten nur sehr bedingt Einfluss auf unsere Schubladenkonstruktion haben. So gibt es bei vielen Pokerräumen die Möglichkeit zu erkennen, aus welchem Land der Gegner kommt. Das kann tatsächlich ein kleines Hilfsmittel sein, da beispielsweise Südeuropäer in der Mehrheit wirklich anders spielen als wir Deutsche. So eine Information gelegentlich als winziges Puzzleteil zu verwenden, sei hier demnach zugestanden. Allerdings ziehen manche Spieler fragwürdige Rückschlüsse aufgrund einer bestehenden Zeitverschiebung: „Wow, bei dem Typ ist es jetzt 4 Uhr in der Früh, der ist bestimmt müde oder betrunken, vielleicht sogar beides." Gewagte These. Warum sollte jemand nicht in der Lage sein, morgens um 4 Uhr konzentriert zu pokern? Auch hinter dem Screennamen „Leif87" muss sich kein ungestümer 20-jähriger Skandinavier verbergen. Ich kenne viele Beispiele von Herren im gesetzten Alter, die sich solche Namen zulegen. Die virtuelle Midlife-Crisis sozusagen... Sehr gefährlich ist es auch, bei einer langen Bedenkzeit des Gegners Schwäche oder Zweifel zu vermuten. Wahrscheinlich spielt da jemand an mehreren Tischen gleichzeitig und kommt mit den Entscheidungen nicht hinterher. Völlig ignorieren sollte man alle angebotenen Chat-Möglichkeiten. Chatten lenkt ab und führt oft zu falschen Entscheidungen. Wenn ein Spieler am Tisch meint, er müsse zeilenweise Ergüsse preisgeben wie „Hey, you´re all morons and donks, big fish, how can you call with xyz." – Gääähhhhn!!! Unglaublich nervige Geschichte, man entwickelt Antipathien gegen den Typ, re-raist ihn bei der nächstbesten Gelegenheit und dann schaut man in AA. Alles schon passiert, also deaktivieren Sie die Chatfunktion. Hilfreich und ausgesprochen nützlich sind die angegebenen Analyse-Tools. Der Lernfaktor ist exorbitant, der Umgang aber auch gewöhnungsbedürftig und mit etwas Aufwand verbunden.

2. ACHTEN SIE AUF IHRE POSITION!

Es gibt eine ganze Reihe von Pokerspielern, die nicht mehr unter die Kategorie „blutige Anfänger“ fallen, sondern bereits diverse Runden absolviert haben – sei es live oder online –, aber mit dem Begriff „Position“ beim Poker überhaupt nichts anfangen können.

Die Position an einem Pokertisch wird durch den Dealer-Button definiert. Ein Spieler ist in jeder Runde der Dealer (oder Geber), unabhängig davon, ob er die Karten tatsächlich gibt (was bei privaten Runden sehr häufig der Fall ist) oder das Deck von einem Extra-Dealer ausgeteilt wird, der nicht am Spiel teilnimmt. Der Dealer wird ermittelt, indem jeder Spieler eine Karte bekommt. Der Spieler mit der höchsten Karte wird Dealer in der ersten Runde. Haben zwei Spieler die gleiche Karte, zählt ausnahmsweise die Farbe und zwar in der Reihenfolge Pik, Herz, Karo, Kreuz. Um den Dealer zu kennzeichnen, wird ein kleiner Plastikchip verwendet, der üblicherweise jedem Chipkoffer beiliegt. Links vom Dealer sitzt der Spieler, der den kleinen Einsatz (Small Blind) bringen muss, noch eine Position weiter links muss vom Spieler der große Einsatz (Big Blind) bezahlt werden. Nach jeder Runde wandert die Position des

Dealers und somit auch die der Blinds um eine Position im Uhrzeigersinn. Nachdem die Spieler ihre Startkarten erhalten haben, beginnt die Runde bei demjenigen, der links vom Big Blind sitzt. Bei drei Spielern gibt es nur einen, der keine Blinds setzen muss, derjenige am Button. Bei zwei Spielern (Heads-Up) ist einer Small Blind, einer Big Blind. Hier liegt der Button beim Small Blind und wandert in jeder Runde zum anderen Spieler.

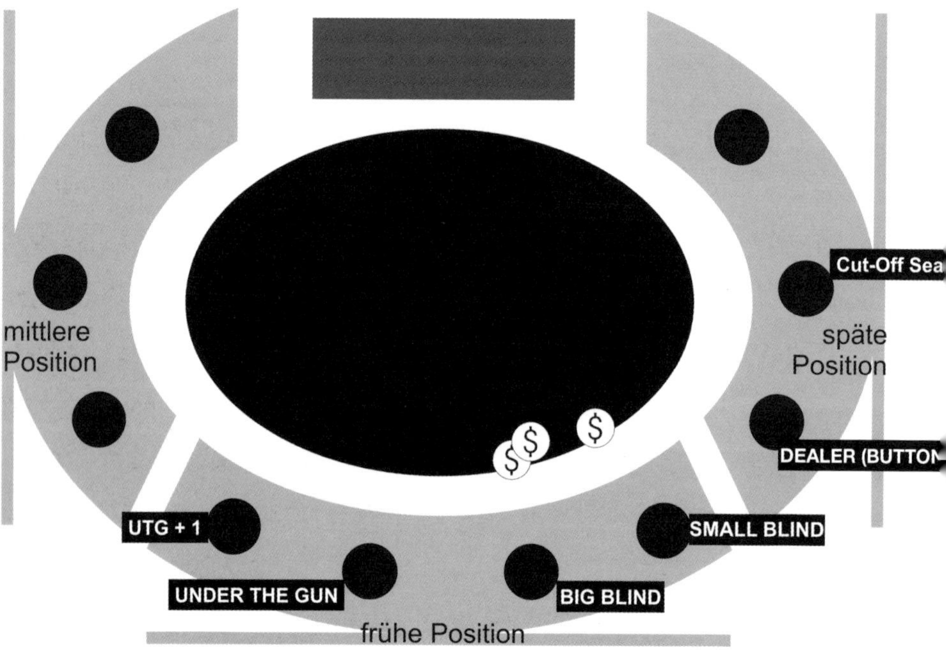

Anzahl der Spieler am Tisch

Es macht einen großen Unterschied, ob Sie neun Gegner am Tisch haben oder fünf oder einen. Ein Spiel an einem vollen Tisch verlangt ein konservatives, zurückhaltendes Spiel. Die Wahrscheinlichkeit, dass eine bessere Hand als Ihre im Umlauf ist, ist größer als bei fünf Spielern oder gar im Heads-Up, beim Duell Eins-gegen-Eins. Je länger Sie am Tisch sitzen und je weniger Gegner Sie haben, umso mehr müssen Sie Ihre Spielweise entsprechend anpassen.

Die frühe Position

Links vom Big Blind beginnt das Spiel. Diese erste Position wird ziemlich drakonisch „Under the Gun" (abgekürzt: UTG) genannt. Ohne irgendwelche Informationen zu haben, wird dem Spieler quasi die Pistole auf die Brust gesetzt, er kann nun mitgehen (call), erhöhen (raise) oder passen (fold). Egal ob 6, 7, 8, 9 oder 10 Spieler in einer Runde sind, diese erste Position ist die undankbarste. Üblicherweise machen Anfänger, die ihre ersten Runden spielen, den Fehler, mit allen möglichen Händen erst einmal zu bezahlen, unabhängig von ihrer Position am Tisch. Das gilt ganz besonders für die erste Position. Sie sitzen also „UTG" und haben KT auf der Hand, dazu noch von einer Farbe (suited) – das sieht doch super aus! Nur noch drei Herzen zum Flush, J, Q und A zur Straight. Da möchte man dabei bleiben. Call! Voller Hoffnung geht nach dem Call der Blick in die weitere Runde, schon beschleichen einen erste Zweifel. Wäre schon ärgerlich, wenn da noch jemand nachlegt, vielleicht sogar erhöht. Aber genau die Gefahr besteht. Es gibt zahlreiche Hände, die besser sind als KTs und je mehr Spieler noch nach Ihnen kommen, umso größer ist die Wahrscheinlichkeit, dass jemand eine starke Hand spielen möchte und mindestens den Einsatz bringt oder eventuell sogar erhöht. Dazu kommt, dass Anfänger generell ein Faible für Startkarten haben, die von einer Farbe (suited) sind. Der Satz „Aber sie waren doch suited!", häufig getätigt von einem gerade ausgeschiedenen Spieler, gehört zu den absoluten Poker-Kultsprüchen. Liebe Farbenfans, schlechte Nachrichten. Die Wahrscheinlichkeit, dass Sie auf dem Flop noch mal zwei Karten der Farbe sehen, die Ihnen so verheißungsvoll aus den Startkarten entgegen strahlt, beträgt 11 %, d.h. es passiert in einem von neun Fällen, dass Sie sich stolzer Besitzer eines Flush Draws nennen können. Eine Karte mit entsprechender Farbe fehlt Ihnen dann immer noch zum Flush.

PROFI-TIPP (2)

„Karten der gleichen Farbe niemals überbewerten! Die Chance, mit einer gleichfarbigen Starthand tatsächlich am River einen Flush zu halten, beträgt nur 5%, was nichts anderes bedeutet, als dass es 19 von 20 Mal schief geht!"

Michael Keiner
1. Platz WSOP 2007
$1.500 7-Card-Stud

Nun soll das nicht bedeuten, dass Sie jedes Mal KTs angewidert in die Mitte schieben sollen, um zu passen, aber es hängt schon zu einem großen

Teil von Ihrer aktuellen Position am Tisch ab. Auch wenn es schwerfällt, aber aus der UTG-Position sollten Sie erst mal nur Hände spielen wie AA, KK, QQ, JJ, TT, AK, AQ und vielleicht noch AJ. Und wenn Sie diese Hände spielen, sollte auch ein schmissiges „Raise" Ihren Einsatz befeuern. Mit einem kleinen oder mittleren Paar (22 bis 99) möchte jeder Einsteiger dabei bleiben. Hier callen viele Spieler gerne, verbunden mit der Hoffnung, dass hinter ihnen keiner erhöht und der Flop ihnen den Drilling beschert. Aber die Wahrscheinlichkeit beträgt auch hier nur 11 %, das bedeutet, dass Sie in der überwiegenden Anzahl der Runden bezahlen, aber nur sehr selten entlohnt werden.

Zum Thema „kleine und mittlere Paare" werden wir uns später noch ausführlich äußern, hier verlieren viele Anfänger immer wieder eine große Anzahl an Chips. Seien Sie geduldig. Angenommen, Sie spielen eine 6er-Runde, dort sind Sie sehr schnell in einer späteren, also wesentlich besseren Position, um Hände wie KTs auch mal spielen zu können.

Die mittlere Position

In einer Runde mit sechs Spielern kann man die Position links vom Spieler „Under the Gun" bereits als mittlere Position bezeichnen. Logischerweise erweitern sich die Sektoren „früh", „mittel" und „spät" je mehr Spieler am Tisch sitzen. Bei einer 10er-Runde werden üblicherweise die ersten drei Positionen nach den Blinds als „früh" bezeichnet, die nächsten drei befinden sich im mittleren Sektor. Gerade als Einsteiger sollten Sie auch in dieser Position einen hohen Maßstab an Ihre Startkarten anlegen. Es gibt allerdings einen gravierenden Unterschied: Hat Ihr Nachbar zur Rechten – also ein Spieler in einer frühen Position – erhöht, dann sollte die Anzahl der spielbaren Hände auf ein Minimum sinken. Machen Sie nicht den Fehler, in diesen Situationen Hände wie A7s verzweifelt durchziehen zu wollen. Jetzt ist Qualität gefragt! Nach Ihnen kommen weitere Spieler, auch dort können noch gute Karten liegen. Haben Sie selbst eine Hand wie QQ oder JJ, sollten Sie über die Möglichkeit nachdenken, noch mal zu erhöhen. Damit verringert sich die Wahrscheinlichkeit, dass nach Ihnen Spieler mit Händen wie 98s oder JTs dabei bleiben. Außerdem repräsentieren Sie eine sehr starke Hand, es ist demnach wahrscheinlich, dass Ihr Gegner (auf den Sie Position haben) nach dem Flop zu Ihnen checkt. Es ist immer von Vorteil, wenn Sie ein konservatives Image haben, aber dann eine Hand sehr aggressiv spielen.

Die späte Position

Je später Sie an der Reihe sind, umso größer ist Ihr Informationsvorsprung. Die späteste und somit beste Position am Tisch ist die am Dealer-Button (Abk.: BU). Sitzen Sie am Button, so haben alle Spieler vor Ihnen bereits einen Einsatz geleistet (die Blinds und alle, die gecallt bzw. erhöht haben). Vor dem Flop werden nach Ihnen dann nur noch die Blinds gefragt. Der immense Vorteil der Position am Button: Sie werden nach dem Flop als Letzter gefragt werden, denn die Action startet links von Ihnen und geht im Uhrzeigersinn.

Generell gilt: Je höher die Blinds und je später die Position, umso breiter wird die Palette der zu spielenden Starthände, da es immer lukrativer wird, die Blinds „zu stehlen". Hinzu kommt, wenn Sie anfangs zurückhaltender spielen, wird Ihnen Ihr Image dann zu Gute kommen, wenn Sie im weiteren Verlauf des Spiels etwas aggressiver werden. In einer größeren Runde ist die Position rechts vom Button ebenfalls dem späten Sektor zuzurechnen. Sie wird als Cut-Off bezeichnet (Abk.: CO). Die Position am Button ist ausgesprochen wichtig, insbesondere in Anfängerrunden können Sie den Vorteil ausnutzen. Wird vor Ihnen, so wie häufig bei Einsteigern, stumpf bezahlt und dabei nicht erhöht, so verleihen Sie Ihrer Hand am Button ruhig etwas mehr Gewicht. Erhöhen Sie zum Beispiel A7s vom Button, wenn Sie das Gefühl haben, dass die Spieler vor Ihnen mit eher durchschnittlichen Händen dabei geblieben sind. Es gibt insbesondere in Anfängerrunden einfach viel zu viele neugierige Spieler, die unbedingt den Flop sehen wollen, das heißt, die ersten drei Gemeinschaftskarten ihren Startkarten hinzufügen möchten. Für Sie als Spieler in der späten Position, idealerweise am Button, ist das die Möglichkeit, den Preis dafür zu bestimmen. Es ist in jedem Fall sinnvoll, den Vorteil der Position auszunutzen. Nach dem Flop geht es bekanntlich links von der Dealerposition weiter. Sollten Sie am

Button vor dem Flop erhöht haben, wird häufig zu Ihnen hin checkt („zum Raiser checken"), denn Sie stehen für eine Hand, die es wert war zu erhöhen. Dieser Vorteil wird noch größer, wenn die Blinds steigen und die Button-Position als Basislager für die Aktion „Blinds stehlen" dient. Eine generelle Regel („Immer erhöhen, wenn man am Button sitzt!") kann man daraus selbstverständlich nicht ableiten.

Gus Hansens Punktesystem

Um Anfängern einen Anhaltspunkt zu geben, welche Karten wann gespielt werden sollen, empfiehlt der dänische Profi Gus Hansen, dass den Karten Bube, Dame, König und Ass eine Wertigkeit zugeordnet wird. Ein Bube soll 11 Punkte zählen, eine Dame 12, der König 13 und das Ass 14. Alle übrigen Karten behalten die Wertigkeit gemäß ihrer tatsächlichen Rangfolge (Zehn = 10, Neun = 9 etc.). Aus der frühen Position, so Hansen, sollte man nur Hände spielen, deren addierte Wertigkeit mindestens 25 oder 26 Punkte ergibt. AJ entspricht 25 Punkten, ebenso KQ. In den mittleren Positionen sind seiner Meinung nach bereits Hände spielbar, die 23 bis 25 Punkte ergeben. Hier gibt es von ihm noch den Hinweis, dass Karten von gleicher Farbe den Wert noch mal steigern – so hätten wir uns das auch gedacht... Vom Button aus, und das ist keine Überraschung, sind für den Dänen alle Hände spielbar. Allerdings nur dann, wenn vor ihm keiner eingestiegen ist. Hier gebe ich zu bedenken, dass man eine sehr gute Strategie nach dem Flop braucht, um sich solchen Herausforderungen zu stellen.

Die Blinds

Ob man will oder nicht, sitzt man in einer der beiden Blindpositionen, so muss der Einsatz gebracht werden. Und je höher die Blinds sind, umso heftiger wird man angegriffen. Kein einfaches Leben. Die Blinds haben vor dem Flop den Vorteil, dass sie zuletzt gefragt werden. Für den Small Blind heißt es aber nach dem Flop (vorausgesetzt er ist noch mit dabei) als Ersten: Check oder Bet? Hier passiert den Neulingen oftmals der Fehler, dass sie ihre Hand direkt passen wollen, obwohl vor ihnen noch keiner gesetzt hat. Zu Beginn eines Turniers, bei niedrigen Blinds, spielt es keine so große Rolle, wenn Sie Ihren Blind-Einsatz aufgeben müssen. Tendieren Sie nicht dazu, sich in jedem Fall den Flop anschauen zu müssen, weil Sie bereits einen Einsatz geleistet haben. Die Chips gehören Ihnen nicht mehr, der Blind ist jetzt Bestandteil des Potts. Wenn aber die Verhältnismäßigkeiten gegeben sind, dann lohnt unter Umständen eine kleine Nachzahlung. Beispiel:

NLHE-Turnier, acht Spieler, Blinds 10/20. Sie haben 1500 an Chips und sitzen im Big Blind.

Ihre Hand: 76s – ein Spieler in mittlerer Position erhöht auf 60, drei Spieler (dazu zählt auch der Small Blind) bezahlen, es liegen demnach 200 im Pott (Ihre 20 plus dreimal 60). Sie müssen noch 40 zahlen, um dabei bleiben zu dürfen. 40 in einen Pott von 200 ergibt Pot Odds von 5:1. Eine gute Situation, um Ihre Hand zu spielen, die so genannten „suited connectors", zwei gleichfarbige aufeinanderfolgende Karten.

Ohne an dieser Stelle nervige mathematische Gleichungen zu bemühen, können Sie sich merken: Je höher die Pot Odds, umso niedriger kann meine Gewinnwahrscheinlichkeit sein. Oder in der „Bauchgefühlsprache": Meine Hand finde ich irgendwie gut und ich muss nicht viel bezahlen, um in einem großen Pott dabei zu sein.

Ihre Nachteile: Sie haben keine Position und aktuell sicher nicht die beste Hand.

Ihre Vorteile: Ihre Hand hat Potenzial und der Preis war billig.

Blinds stehlen

Durch das Setzen der Blinds entsteht ein Pott. Bevor irgendeiner setzt, ist schon das, was alle wollen, in der Mitte: Chips. Bei NL-Turnieren erreichen die Blinds irgendwann ein so hohes Niveau, dass die Beute auch ohne zusätzliche Einsätze Begehren erweckt. Da bietet sich die Gelegenheit, aus einer guten Position (idealerweise am Button) zu erhöhen, um die Spieler in den Blinds unter Druck zu setzen. Sollten einer oder auch beide Blinds Ihre Erhöhung callen, so haben Sie nach dem Flop immer noch Position auf beide. Für einen Spieler mit wenig Chips kann diese Methode gefährliche Konsequenzen haben. Ist der Big Blind bei 800 und Sie wollen mit Ihren restlichen 1100 vom Button aus angreifen, so muss der Big Blind nur noch 300 zuzahlen und Sie sind All-In. Wichtig ist auch, dass Sie erkennen, wie viele Chips den Blinds noch bleiben. Ist der Big Blind bei 1000 und der Spieler, der im Big Blind sitzt, hat insgesamt noch 2000 an Chips, so müssen Sie davon ausgehen, dass er All-In geht. Kalkulieren Sie das unbedingt in Ihre Überlegungen mit ein, wenn Sie Blinds stehlen wollen. Wichtig ist auch, dass Ihre Aktionen nicht zu offensichtlich sind. Wenn Sie zum neunten Mal hintereinander vom Button aus erhöhen, können Sie davon ausgehen, dass der Big Blind aktuell diverse Gegenstrategien entwickelt.

Beim Cashgame hat das Stehlen der Blinds keine so große Bedeutung. Hier bleiben die Blinds über die gesamte Zeit konstant und stehen insbesondere bei No-Limit-Spielen in keiner Relation zu den gelegentlich erreichten Pottgrößen. Wer beim Cashgame erhöht, der will Action. Wer beim Turnier erhöht, freut sich ab und an, dass er die Blinds ohne Gegenwehr kassiert.

Unterschiedliche Positionen, unterschiedliche Strategien

Empfehlungen zu geben, wann welche Hand zu spielen ist oder gar mit Starttabellen zu arbeiten, wie es manche Pokerbücher vorschlagen, lehne ich ab. So sehr das Bauchgefühl beim Poker überstrapaziert wird, es komplett abzuschaffen geht natürlich auch nicht. Viel wichtiger ist es, sich zu jedem Zeitpunkt des Spiels über seine Position im Klaren zu sein und die Situation am Tisch einschließlich des eigenen Images einschätzen zu können. Selbstverständlich kann man mit der eingangs erwähnten Hand KTs versuchen, vom Button aus die Blinds zu stehlen. Es ist auch keine Schande, wenn es dann unbedingt sein muss, mit KTs in einer frühen Position nur zu callen, um zu sehen, ob nach dem Flop was geht. Aber ständiges Callen aus allen möglichen Positionen und mit allem, was das Deck zu bieten hat, ist ein ganz klarer Fehler. Haben Sie auch immer einen Blick auf die Spieler, die in den Blinds sitzen. Ist der Spieler im Big Blind möglicherweise ein Kandidat für All-in, weil dort kaum noch Chips liegen? Hat jemand im Big Blind noch 2000 an Chips und sind die Blinds bei 200/400, können Sie davon ausgehen, dass der Spieler bei einem Versuch, den Blind zu stehlen (immerhin ein Fünftel seines Vermögens), seine Hand einer sehr genauen Prüfung unterzieht und mit einem Re-Raise All-In den Preis für den Flop auf besagte 2000 hochtreiben könnte. Oder ist Ihnen aufgefallen, dass der Spieler links von Ihnen ausgesprochen passiv ist und gegen jede Erhöhung seine Hand passt? Sitzt dieser Spieler am Button, dann besteht unter Umständen für Sie eine gute Chance, auch von der Cut-Off-Position die Blinds anzugreifen, weil Ihr Nachbar sowieso passt. Dadurch bekommt Ihre Position am Cut-Off eine zusätzliche Bedeutung. Machen Sie Ihre Aktionen auch immer davon abhängig, wie viele Spieler am Tisch sitzen. Bei zehn Spielern erhöht sich die Wahrscheinlichkeit, dass starke Hände im

Umlauf sind, enorm. Angenommen, Sie halten ein Ass. Wie hoch ist bei zehn Spielern am Tisch die Wahrscheinlichkeit, dass noch jemand ein Ass hält? Satte 85 %! Möchten Sie also Ihr A2s aus der ersten Position unbedingt spielen, dann bedenken Sie, es besteht eine sehr hohe Wahrscheinlichkeit, dass jemand eine bessere Hand hält. Wenn dann noch ein Ass im Flop kommt... Ein anderes Beispiel soll zeigen, dass es manchmal aber doch sinnvoll ist, trotz einer nachfolgenden Erhöhung dabei zu bleiben.

NLHE-Turnier, sechs Spieler, Blinds bei 100/200. Sie haben noch 2500 an Chips, frühe Position.

Ihre Hand: J♥T♥

Sie haben allmählich die Faxen dicke. Immer nur schlechte Karten und dann endlich JTs, die Lieblingshand bei geschätzten 72 % aller Poker-Anfänger. Sie pfeifen auf alles, was Sie über die frühe Position gelernt haben und callen die 200. Aber nach Ihnen wird auf 600 erhöht, der Button callt die 600 genauso wie der Big Blind. Mist. Damit dürfte klar sein, dass Sie im Augenblick sicher nicht die beste Hand halten. Und in diesem komischen Pokerbuch vom TV-Kommentator steht, dass man JTs aus der frühen Position gar nicht erst spielen soll. Also passen? Nein, jetzt nicht mehr. Rechnen wir nach: Ihre 200 plus dreimal 600 (einer erhöht auf 600, zwei callen) macht 2000, die bereits im Pott liegen. Sie müssen jetzt noch 400 nachbezahlen, um die Erhöhung auszugleichen. 400 in einen Pott von 2000 zu bezahlen bedeutet, Sie bekommen ein Verhältnis von 5:1 angeboten (5 x 400 = 2000). Und da JTs nicht zum extremen Sondermüll gehört, sondern durchaus ausbaufähig ist, sollten Sie hier tatsächlich callen. Das Verhältnis 5:1 ist einfach zu lukrativ. Ein ähnliches Beispiel wie vorhin, als Sie im Big Blind sitzend eine Erhöhung nachbezahlt haben. Ihre Gewinnchancen sind nicht sehr gut, aber das Verhältnis Ihres Einsatzes zur Pottgröße ist interessant und macht das Nachzahlen sinnvoll.

Turnierstrukturen

Eine kleine Anmerkung zu den aktuell grassierenden Pokerturnieren. Über das gesamte Land verteilt wimmelt es von Pokerveranstaltungen, bei denen man für ein niedriges Buy-In mehr oder weniger attraktive Preise abgreifen kann. Außerhalb eines Casinos sind in Deutschland nur Sachpreise erlaubt. Daher sollten Sie einen kurzen Blick auf die Preisstrukturen werfen, ob Einsatz und Ausschüttung in einem angemessenen Verhältnis stehen. Achten Sie bei diesen Turnieren auch darauf, nach welchen Vorgaben gespielt wird. Ich habe Turniere erlebt, bei denen alle acht Minuten die Blinds angehoben wurden. Wenn Sie hier länger als zehn Sekunden überlegen, ernten Sie bereits böse Blicke. Da wird Poker tatsächlich zum reinen Glücksspiel. Eine Blinderhöhung alle 20 Minuten sollte schon mindestens gegeben sein, dann wird das Spiel wesentlich strategischer.

ONLINE-EXKURS (2)

Aufgrund der schier unendlichen Anzahl unterschiedlicher Tische kann man beim Online-Poker unter vielen Turnierformen auswählen. Dabei sollte man sich natürlich nur auf die Turniere konzentrieren, die zur diszipliniert gemanagten Bankroll passen! Auf sämtlichen Limit-Ebenen finden sich Turniere mit sechs oder mehr Spielern, mit schnell oder langsam steigenden Blinds. Diese Sit & Go's sind sehr populär. Sie werden schnell die unterschiedlichen Rhythmen an den Tischen wahrnehmen. Es ist ein großer Unterschied, ob Sie ein Turnier mit zehn Spielern haben und normal steigenden Blinds (alle 15 Minuten) oder ein Turnier mit sechs Spielern und schnell ansteigenden Blinds (alle fünf Minuten). Bei der letztgenannten Variante werden Sie sehr schnell die Bedeutung des „Blinds stehlen" erfahren... Unnötig zu erwähnen, dass der Glückfaktor hier eine größere Rolle spielt. Solche Turbo-Shorthanded-Turniere sind häufig ein Tummelplatz für hyper-aggressive Spielertypen. Ein Fehler ist, wenn Sie diese Turniere spielen wollen, weil Sie nicht genügend Zeit haben. Schnell, schnell soll es gehen. Mit einer solchen Einstellung brauchen Sie sich gar nicht erst an den Pokertisch zu setzen. Wenn es Ihr Zeitfenster nicht erlaubt, in Ruhe und ohne Termindruck zu spielen, dann sollten Sie den Computer einfach abstellen. Geduldige Spieler versuchen sich gern an den Multi-Table-Turnieren (MTT), bei denen teilweise Tausende Spieler teilnehmen. Dazu braucht es viel Zeit (im Idealfall mehrere Stunden) und viel Geduld. Ich kenne Spieler, die sich zu Beginn eines solchen Turniers erst mal in die Badewanne legen oder Fernsehen schauen (oder beides) und die ersten zwei Stunden vielleicht drei Hände spielen.

3. SPIELEN SIE WIE EIN CHAMÄLEON

Im Januar 2007 habe ich Chris Moneymaker getroffen, den Gewinner des Hauptturniers der World Series of Poker (WSOP) 2003. Er war der Schirmherr eines Turniers auf den Bahamas, „Moneymaker Millionaire", bei dem aus einem ursprünglichen Starterfeld von zigtausend Online-Qualifikanten 27 Spieler das Finale erreichten. Es ging um eine Gesamtgewinnsumme von 2,5 Millionen Dollar, alleine der Sieger bekam eine Millionen Dollar. Für einige Spieler war es das erste Live-Pokerturnier, ansonsten kannten sie das Spiel nur vom Onlinezock. Moneymaker stand mit mir an einem großen Schildkrötenbecken – das gastgebende Hotel verfügt über das größte Meerwasseraquarium der Welt. „Vielleicht sollte man bei seinem ersten Live-Turnier so spielen, wie sich eine Schildkröte bewegt.", sagte ich zu ihm. „Schön langsam, keine Hetze. Schildkröten haben schon so manche Spezies überlebt." Moneymaker lachte. Eine Schildkröte als Pokervorbild, damit war für ihn klar, ein *schwedischer Onlinespieler*[1] bin ich ganz sicher nicht. Aber er meinte auch, dass viele Anfänger tatsächlich so spielen sollten, denn wenn sie

[1] Schwedische Onlinespieler gelten allgemein als Synonym für ultra-aggressive Pokerspieler.

einmal in einer Hand drin sind, wüssten sie oft nicht weiter. Aber für ihn sei es wichtig, sich an seine Umgebung anzupassen.

Die Poker-Tierwelt

Tiere zu bemühen, um bestimmte Pokertypen zu charakterisieren, hat Methode. Als „Fische“ werden generell schwache Spieler bezeichnet. Wenn Sie in einer Pokerrunde sitzen und es kommt ein neuer Spieler zur Tür herein, der freundlich mit „Wow, schönes Aquarium!“ grüßt, dann wissen Sie ab sofort, was gemeint ist. Hingegen ist ein „Hai“ der Inbegriff des starken Spielers, schwer zu bezwingen, unablässig auf Beutezug. Bei dummen Spielzügen bekommt man gelegentlich zu hören (oder im Online-Chat zu lesen), man spiele wie ein Donkey, also gutdeutsch Esel. Schwadroniert ein Spieler über seine Spielweise und lässt verlauten, er habe mehrfach einfach „reingedonkt“ oder eine Donk-Bet geleistet, lässt der Wortstamm erahnen, dass er im Nachhinein mit seiner Vorgehensweise entweder nicht ganz einverstanden ist oder einfach geblufft hat. Der 10-fache WSOP-Gewinner Phil Hellmuth hat in seinem Buch „Playing Poker like a Pro“ noch vier weitere Tierkategorien hinzugefügt, um die Spieler am Tisch besser zu charakterisieren. Der Schakal spielt verrückt und unvorhersehbar, der Elefant zu viele Hände, die Maus zu konservativ, der Löwe geschickt und stark. Ich denke, es ist nun an der Zeit, eine weitere Tierart in den Pokerolymp zu erheben: das Chamäleon. Vergessen Sie alles, was

Sie jemals negatives über ein Chamäleon gehört haben. „Chamäleonartiges Verhalten" ist bekanntlich eher abwertend besetzt. Ein Chamäleon ist jemand, der mit dem Strom schwimmt, nicht auffällt, Jeans mit T-Shirt, Opel Astra, im Sommer an die Ostsee. Abgesehen davon, dass es an der Ostsee sehr schön ist, ein Chamäleon verfügt über Eigenschaften, die Sie an einem Pokertisch zum Sieger machen werden. Es beginnt mit den Augen. Exzellente Augen helfen enorm, unsere wichtigen Beobachtungen überhaupt durchführen zu können. Das Chamäleon ist aber auch in der Lage, die Hautfarbe zu ändern, um in Gefahrensituationen unerkannt zu bleiben. Perfekt getarnt harrt es auf dem Baumstamm aus und wartet, bis das Böse vorbeigezogen ist. Wird es dennoch erkannt, so kann es – mit einer Art aufblasbarem Helm auf dem Kopf – das eigene Aussehen nochmals drastisch verändern. Es wirkt größer als es eigentlich ist, der Gegner erkennt es nicht mehr als Chamäleon und lässt von der Beute ab.

Gefahrensituationen erkennen

Wichtig ist aber die Erkenntnis, dass unterschiedliche Situationen entsprechend ausgereifte Strategien erfordern. Wann muss man der Gefahr aus dem Weg gehen, wann muss man sich ihr stellen? Ein Beispiel von den „UK Open 2006", ein TV-Turnier, bei dem ich selbst mitgespielt habe: Sechs Spieler am Tisch, 2. Blindlevel. Links von mir sitzt John Kalmar, Chipleader und bis dahin mit guten Karten gesegnet. Er erhöht vierfachen Big Blind aus der ersten Position. Zwei Positionen weiter sitzt Teddy Sheringham, Profifußballer, aber auch ein guter Pokerspieler. Ich habe diverse Runde mit ihm kommentiert, ich weiß, er ist ein sehr zurückhaltender Spieler. Teddy erhöht auf 32.000. Ich sitze im Big Blind, schaue auf meine Hand und sehe AKs. Nun gelte ich als recht aggressiver Spieler – bevor ich vor dem Flop AK passe, muss schon einiges zusammenkommen. So wie hier. Mir war klar, Sheringham hat mindestens AK, QQ, KK oder AA. In jedem Fall hatte Kalmar so viele Chips, um uns beide All-In zu ziehen. Ich dachte mir, egal wer von den beiden, aber einer hat sicherlich die Karte, die ich brauche, nämlich A oder K. Ich passe die Hand, Kalmar geht All-In, Sheringham callt mit AJ. Kalmar hat QQ und gewinnt, es gab weder A noch K auf dem Board. In dieser Situation sicherlich kein Fehler, der Gefahr aus dem Weg zu gehen. Im späteren Heads-Up gegen Kalmar hatte er 9:1 Chipführung, da blieb mir nichts anderes übrig, als den Hut auf dem Kopf aufzublasen und beständig mit meinen Tophänden, wie 82 oder 95, zu erhöhen. Ich holte mir die Chipführung, gewonnen habe ich nicht, aber das ist ein anderes Thema…

Sind Sie sich in Ihrer Entscheidungsfindung nicht sicher, dann vertrauen Sie Ihrem Instinkt, ohne dabei zu passiv zu werden. Versuchen Sie immer, ein Gespür für die Situation am Tisch zu bekommen und richten Sie Ihr Spiel danach aus. Bei No-Limit-Turnieren kann es durchaus von Vorteil sein, wenn Sie das zurückhaltende Geschehen am Tisch ausnutzen, indem Sie vom Button aus gelegentlich einen Versuch starten, die Blinds zu stehlen. So wichtig es ist, einzelne Spieler zu beobachten und in Schubladen zu stecken, so wichtig ist es ebenfalls, die Gesamtsituation am Tisch einordnen zu können. Wird es gerade wieder etwas aggressiver? Wurde der dritte Bluff in Folge aufgedeckt? Oder ziehen sich Ihre Gegner eher zurück, sprechen wenig, blicken mürrisch? Das ist eine gute Gelegenheit, die Initiative zu ergreifen. Scheinbar warten alle auf gute Karten, keiner spielt „die Situation" am Tisch. Machen Sie sich das zu Nutze, erweitern Sie das Spektrum der Hände, die Sie spielen. Treten Sie einfach etwas selbstbewusster als die depressiven Typen um Sie herum auf. Wenn Sie dann zwei bis drei Potts gewonnen haben, kommt sicherlich ein Spruch wie „Du scheinst ja tolle Karten zu haben!". Dabei haben Sie einfach Ihre durchschnittlichen Hände aus einer guten Position heraus gespielt. Weil Sie als anpassungsfähiges Chamäleon erkannt haben, dass es Zeit war, die Farbe zu wechseln.

Die Schleuderzunge

Das Chamäleon ist nicht nur in der Verteidigung der eigenen Existenz ein Erfolgsmodell. Jedes Kind hat schon in unzähligen Tierfilmen die legendäre Megazunge des Reptils bewundert. Das Erspähen, Fixieren und Erlegen der Beute läuft in verschiedenen Phasen von unterschiedlicher Dauer ab. Hier lassen sich außergewöhnliche Parallelen zum Poker ziehen. Beginnen wir mit einem

Ausflug in die Welt der Biologie. Die unverwechselbare Schleuderzunge eines Chamäleons, mit der die Beute attackiert wird, ist in der Tierwelt ein einzigartiges Angriffsinstrument. So viel Platz muss sein – hier die fünf Phasen des Zungenschusses:

a. Das Beutetier wird fixiert und auf Größe, Form und Art geprüft, der Abstand zwischen Jäger und Gejagtem wird ermittelt.
b. Das Maul öffnet sich langsam, die Zunge wird vorbereitet und ein Stück nach vorne geschoben.
c. Die Zunge wird abgeschossen.
d. Das Beutetier wird ergriffen.
e. Die Beute wird ins Maul gezogen und im Maul festgehalten, während sich die Zunge in den Kehlsack zurückzieht. Dann wird die Beute als ganzes hinuntergeschluckt.

Attackieren wie ein Chamäleon

Ziehen wir Parallelen zu den fünf Phasen des skizzierten Angriffsszenarios.

Zu a: Sicherlich die Phase im Spiel, die die meiste Zeit beansprucht. Wo ist das Opfer? Wo ist die Schwachstelle am Tisch? Hier sind Ihre Beobachtungsqualitäten gefragt. Ein alter Pokerspruch besagt: „Wenn Sie nach 30 Minuten nicht erkannt haben, wer der Fisch am Tisch ist, dann sind Sie es wahrscheinlich selbst."

Zu b: Wie kann man beim Poker einen Angriff vorbereiten? Manche Spieler investieren viel Mühe, um sich am Tisch ein Image nach ihren Vorstellungen aufzubauen. Besonders wichtig ist im Heads-Up, dem Gegner ein falsches Bild von sich zu vermitteln, da hier deutlich mehr Hände gespielt werden. Dadurch ergeben sich zahlreiche Möglichkeiten, ein Image zu kreieren und das Spiel zu steuern. Stellen Sie sich immer folgende Fragen: Welche Hände bekommt mein Gegner zu sehen? Welche Schlussfolgerungen kann er daraus ziehen? Hat er gesehen, wie ich mit guten Karten erhöht habe oder mit schlechten? Jeder gute Pokerspieler freut sich, wenn er auf schlechte Spieler trifft. Aber wie kann ich den schlechten Spieler in eine Hand verwickeln? Wenn gewisse Umstände eintreffen, ergibt sich ein günstiger Moment, um anzugreifen. Timing ist beim Poker ein sehr wichtiger Faktor. Wenn ich einen schwachen Spieler ausgemacht habe, der vor dem Flop zum dreiundvierzigsten Mal aus einer mittleren Position callt, dann erhöhe ich vom Button mit irgendeiner Hand. Im Idealfall passen alle bis auf den schwachen Spieler. Nun habe ich Position auf ihn und habe ihn isoliert. Nach dem Flop versuche ich ihn auszuspielen. Seine Spielweise ist mir wohl bekannt, ich habe ihn über viele Runden beobachtet. Ich weiß, wie viel er setzt, wenn er den Flop getroffen hat. Zudem habe ich Reaktionen von ihm gesammelt, wie er auf unterschiedliche Strategien antwortet. Spielen Sie also mit viel Selbstvertrauen, zeigen Sie Stärke und verlieren Sie nie den Blick für den Gegner. Noch haben Sie ihn nur im Visier, noch ist die Beute nicht erlegt.

Zu c: Die Zunge wird abgeschossen. Der kritische Moment. Sie haben sich Ihre Entscheidung reiflich überlegt, das Ziel wurde anvisiert, nun fehlt noch der kurze aber extrem wichtige Moment des Zuschnappens. Ein Beispiel: Durch meine Beobachtungen weiß ich, dass mein schwacher Gegner ein Problem hat, wenn die Einsätze nach dem Flop zu hoch sind. Hier bezahlt er nur, wenn seine Hand ausgesprochen stark ist. Im gerade geschilderten Fall habe ich Position auf ihn und in den meisten Fällen wird er zu mir hin checken. Mein Einsatz wird dann in etwa die Größe des Potts haben. Sollte nicht zu mir gecheckt werden, muss der „Angriff" neu überdacht werden.

Michael Körner (ganz links) bei den UK Open

Wie hoch war sein Einsatz? Und dann sollte man natürlich auch einen Blick in die eigenen Karten werfen...
Wenn der hohe Einsatz vom Gegner bezahlt wird, nicht verzweifeln! Es gibt noch zwei weitere Chancen, den Pott zu gewinnen. Trotzdem darf nicht unerwähnt bleiben, dass schwache Gegner gerne alles Mögliche bezahlen und man sie besser mit guten Karten statt mit guten Bluffs schlägt.

Zu d und e: Beim Poker die Beute geschnappt zu haben bedeutet, man hat die Siegerhand. Es kann nichts mehr passieren. Oder zumindest fast nichts. Das Gefühl, mit einer sehr starken Hand am Tisch zu sitzen, ist zwar deutlich besser, als einen riskanten Bluff durchzuziehen. Aber es ist sehr enttäuschend, wenn man eine Monsterhand hält und der Pott klein bleibt. Auch hier ist es wichtig, die Umstände zu beachten. Wenn Sie als wilder und ungestümer Spieler gelten, der in jeden Pott setzt, dann sollten Sie so tun, als wären Sie wieder auf einem Ihrer berüchtigten Beutezüge. Manchmal ist es sinnvoll, den Gegnern die Aktion zu überlassen und nur auf die Einsätze zu reagieren. Vergessen Sie dabei nie, den Gegner einzuschätzen. Was könnte den unterlegenen Spieler veranlassen, noch weiter in sein hoffnungsloses Projekt zu investieren? Versuchen Sie, einen Blick in den Kopf des Gegners zu werfen. Viel zu häufig spielt man beim Poker nur seine Hand, seine Situation, seine Befindlichkeiten. Doch gerade beim Live-Poker haben Sie genügend Möglichkeiten, den Gegner zu studieren. Nutzen Sie das aus!

PROFI-TIPP (3)

Werte nicht das Spiel deines Gegners (richtig oder falsch ist bedeutungslos), sondern analysiere, warum er so und nicht anders gespielt hat. Es gibt immer einen Grund, und den gilt es rauszufinden.

Eddy Scharf

1. Platz WSOP 2001 $1.500 Limit Omaha
1. Platz WSOP 2003 $1.500 Limit Omaha

Für Chris Moneymaker jedenfalls ist das Anpassen an den Tisch eine Grundvoraussetzung für erfolgreiches Poker. „Wenn sie altmodisch spielen, gut, wunderbar, spiele ich auch so. Spielen sie hyperaggressiv, modern, kein Problem, dann stelle ich mich um." Nach dem Gespräch mit Moneymaker war mir ziemlich schnell klar, dass ein Chamäleon vieles richtig macht. Insbesondere gefällt mir die Verhaltensweise, wenn es dann doch zu einer gefährlichen Situation kommt. Die erste Abwehr (Änderung der Hautfarbe) hat nicht funktioniert, jetzt muss die Optik dahingehend verändert werden, dass man größer erscheint als man eigentlich ist. Beim Poker spricht man dann von einem Bluff, der jedoch sollte gezielt und nicht regelmäßig eingesetzt werden (siehe Kapitel „Bluff ist nur eine Notlösung"). Denn auch das Chamäleon hat Feinde, denen es völlig egal ist, ob da noch ein Hut aufgeblasen wird, irgendwelche Ohrlappen abgespreizt werden oder ähnlicher Schabernack.

ONLINE-EXKURS (3)

Ist es in der Anonymität des Online-Pokers nicht sinnvoll, wenn man ein bisschen auf sich aufmerksam macht? Der Internet-High-Stakes-Spieler Amit Sharma hat eine hochinteressante Technik, um schwächere Spieler zu erkennen und sie in entscheidenden (sprich: lukrativen) Situationen zu bezwingen.

„Ich haue jedes Spiel Hunderte von Dollars raus, nur um das Image eines „schlechten" Spielers aufzubauen. So werde ich von meinen Gegnern, wenn es um große Potts geht, gecalled. Denn sie wissen nie, ob ich nicht doch wieder verrückt spiele."

(http://de.pokertips.org/weekly.shuffle/archives/2006-08-20, 2006)

Das hat natürlich nichts mit einem Chamäleon zu tun, ist aber trotzdem eine sehr spannende Strategie. **Die 10 Goldenen Poker-Regeln** sind allerdings ein Leitfaden für Einsteiger. Solche Methoden sind sicherlich nur erfahrenen Spielern ans Herz zu legen. Außerdem herrscht beim Internet-Poker oft eine hohe Fluktuation. Stellen Sie sich vor, es hat Hunderte Dollar gekostet, ein Image als „Tischtrottel" aufzubauen, und plötzlich ziehen um Sie herum die Spieler von dannen, neue kommen hinzu. Für Sie als Einsteiger aber dennoch eine nette Information, mit welchen Tricks die Profis arbeiten. Es spricht nichts dagegen, die für Live-Poker empfohlene Strategie – unauffällig, aber doch im richtigen Moment aggressiv zu spielen – auch beim Online-Poker zu verwenden. Passen Sie sich dazu den Gegebenheiten am Tisch an. Hilfreich kann sein, sich zu einzelnen Spielern Notizen zu machen. Im Showdown liegt oft so manche Überraschung. „Geht All-In mit 72o" ist schnell notiert und kann in späteren Situationen zur Entscheidungsfindung beitragen. Außerdem gibt es die Möglichkeit, sich die letzte Hand noch mal anzeigen zu lassen. Meistens ist in einer Ecke des Online-Pokertisches der Hinweis auf die „Last Hand". Dort sind dann auch gelegentlich die Karten einsehbar, die ein Spieler im Showdown nicht gezeigt hat.

4. SPIELEN SIE NICHT DIE NEUGIERIGE MELKKUH

Das ist ein einfach zu schreibendes Kapitel. Man bediene sich einerseits der Ratschläge, die uns von Eltern, Großeltern und Paten mit auf den Weg gegeben wurden und andererseits der unvermeidlichen Sprüche, die sozusagen als erzieherisches Beiwerk unser Gewissen beeindrucken sollten.

„Gib' nicht so viel Geld aus!" – „Das kannst Du dir doch gar nicht leisten." – „Du scheinst es ja zu haben!" – „Willst Du nicht mal was für schlechte Zeiten zur Seite legen?"

Das generelle Phänomen an einem Pokertisch mit Anfängern: Es werden zu viele Hände gespielt. Verständlich. Da sitzt man schon mal lustig zusammen, dann soll auch gespielt werden. Und so fliegen die Chips in die Mitte, Hurra! Erhöht wird so gut wie gar nicht und es ist nicht unüblich, dass bei sechs Spielern fünf den Einsatz gebracht haben, um sich den Flop anzuschauen. Dann geht es oft nach folgendem Strickmuster weiter: Check. Bet. Call. Call. Call. Call. Turn-Karte. Check... Eine Art Spendenmarathon.

Der deutsche Schnäppchenjäger

Vielleicht liegt es auch am deutschen Wesen. Der Deutsche mag Rabatte, Ebay und die Schnäppchenjagd. Um die Schleifmaschine 15 Euro günstiger zu bekommen, wird auch der Baumarkt in 24 Kilometer Entfernung angesteuert. Man ist bereit, gewisse Unannehmlichkeiten in Kauf zu nehmen, solange es kein Geld kostet. Auf Poker bezogen bedeutet das, dass ein Call oftmals als günstiger empfunden wird, obwohl eine Erhöhung den Gewinn aber wahrscheinlicher gemacht hätte. Die „Erhöhung", also mehr zu zahlen als man eigentlich muss, ist nicht sehr stark in hiesige Gedankenstrukturen verankert, da es zunächst mit dem Einsatz von mehr Geld verbunden ist. Selbst wenn der Flop sauber erwischt wurde und ein Top-Paar mit starkem Kicker vorzufinden ist, fragt der Anfänger oft: „Wie viel muss ich jetzt *mindestens* setzen?"

Andererseits werden oftmals Einsätze bezahlt, weil man unbedingt die nächste Karte sehen will. Dabei wird gerne ignoriert, dass die nächste Karte auch dem Gegner helfen könnte.

So friedlich ein sanftes Bezahlen der Einsätze auch ist, am Ende kann nur einer den Pott gewinnen. Und das kann dann durchaus derjenige mit 73 bei einem Board von A-4-Q-6-5 sein. Hier die Beispiele aufzuzählen, die mir bei der Kommentierung, insbesondere von Prominenten-Runden, untergekommen sind, würde das Buch sprengen. Dabei wird die Prominenz durchaus vorbereitet. Beim

VIP-Coaching ist die zu vermittelnde Strategie, unabhängig vom Trainer, sehr ähnlich: Spiele wenige Hände, aber wenn du spielst, dann richtig. Erhöhe vor dem Flop, wenn du in entsprechender Position eine gute Starthand hältst. Und was passiert? Es wird auf der Button-Position mit AK nur bezahlt und nicht erhöht. Oder jemand kann sich von seinem Pocket-Paar nicht trennen, obwohl höhere Karten auf dem Tisch liegen. „Ich dachte, Du bluffst!" oder „Noch eine 7 und ich hätte einen Drilling gehabt!", „Mir fehlte nur die 3 zur Straight!" – Ausreden gibt es genug, um noch einen weiteren Einsatz zu rechtfertigen. Besser ist es, die Chips vernünftig einzusetzen. Entweder Sie halten eine Riesenhand oder Sie kommen günstig mit einer ausbaufähigen Hand in einen großen Pott. Damit ist ein Einsatz gerechtfertigt. Im ersten Fall mit einer Erhöhung, im zweiten Fall mit einem simplen Call. Es macht Sie nicht zum schlechten Pokerspieler, wenn Sie in Ihren ersten Runden oder an Ihrem ersten Abend eine relativ simple Strategie verfolgen. Ständiges Einbezahlen in den Pott, um irgendwelchen Wunschkarten hinterherzujagen, ist sicher der falsche Weg.

Nie callen?

Vor einiger Zeit habe ich ein Strategiepapier eines angeblich sehr erfolgreichen Online-Pokerspielers gelesen. Seine Spezialität waren NL-Turniere mit sechs Spielern, also exakt die Form, die wir hier verstärkt lernen wollen. Der Autor vertrat die Ansicht, dass man eigentlich vor dem Flop nie einfach nur bezahlen (callen) sollte, sondern entweder passen oder erhöhen. Diese Strategie ist hyper-aggressiv, aber die Idee dahinter ist gut. Wenige ausgewählte Hände, aber die aggressiv. In je weniger Situationen Sie sich verwickeln lassen, umso weniger Fehler können Sie machen. Außerdem sorgen weitere Erhöhungen dafür, dass der ursprüngliche Aggressor möglicherweise einen Gang zurückschaltet und Ihnen weitere freie Karten ermöglicht.

Hand schützen

Ein wesentlicher Grund, die eigene Hand aggressiver zu spielen, ist, zu verhindern, dass andere Spieler ihre Hand verbessern können. Viele Einsteiger sagen dann immer: „Aber wieso soll ich denn meinen Gegner verjagen, ich möchte doch, dass er weiter bezahlt." Hier muss differenziert werden, wann eine Hand schützenswert ist und wann eine sehr starke Hand auch langsamer gespielt werden kann. Beispiele:

NLHE-Turnier, sechs Spieler, Blinds 50/100. Sie haben 3000 an Chips in später Position, zwei Spieler vor Ihnen limpen, Sie zahlen, ebenso der Big Blind.

Ihre Hand: 8♣6♣

Flop: Q♥-8♦-6♠. Zwei Spieler vor Ihnen setzen jeweils 100.

Interessante Konstellation. Nach Ihnen kommt kein weiterer Spieler,

Sie haben demnach Position auf Ihre beiden Gegner, die im Übrigen bisher nicht durch extrem aggressives Spiel aufgefallen sind. Aber scheinbar finden beide Gefallen am Flop. Vielleicht ist jemand mit KQ dabei, vielleicht hält jemand 97. Wie auch immer die Situation sein mag, die Wahrscheinlichkeit ist sehr hoch, dass Sie aktuell die beste Hand haben. Zwei Paar! Sie liegen hinten, wenn jemand einen Drilling hat, was zwar nicht sehr wahrscheinlich, aber möglich ist. Um das herauszufinden, sollten Sie jetzt erhöhen. Sie erreichen damit zwei wichtige Ziele:

a. Sie repräsentieren eine starke Hand. Jemand der versucht, hier zu bluffen oder billig an die Turn-Karte zu kommen, wird ausdrücklich gewarnt. Dabei repräsentieren Sie nicht nur eine starke Hand, sondern Sie halten sie tatsächlich. Und was spricht dagegen, den Pott hier und jetzt gewinnen zu wollen? Sollten Sie sich nach Vergleichen in der Tierwelt sehnen, so empfehle ich die Geschichte vom Spatz in der Hand und der Taube auf dem Dach.

b. Sollte jetzt jemand Ihre Erhöhung bezahlen, so haben Sie eine sehr wichtige Information bekommen, die im weiteren Verlauf der Runde viele Ihrer Jetons sparen wird. Die Information lautet: VORSICHT! Mögliche Karten beim Gegner: Ein gefloppter Drilling, warum nicht langsam gespielte Asse? Oder Q8, Q6, also zwei höhere Paare als Ihre? Oder jemand setzt bereits auf einen Draw, hält 97 oder 75 und hat einen Open-Ended-Straight-Draw. Für offensivere Spieler ist das Grund genug zu setzen. Wird Ihre Erhöhung bezahlt, sollten Sie sich im weiteren Verlauf der Runde nur noch von Jetons trennen, wenn Sie sich entweder Ihrer Sache sehr sicher sind, zum Beispiel bei einer weiteren 8 oder 6. Oder es kommt eine Turn-Karte, die möglichen Draw-Kandidaten nicht hilft (wie eine 3). Dann gibt Ihnen die Position noch mal die Chance, die Initiative zu übernehmen, denn Sie sitzen ja am Button.

NLHE-Turnier, acht Spieler, Blinds 50/100. Sie haben 3000 an Chips in früher Position.

Ihre Hand: 4♦4♠

Sie zahlen 100, nach Ihnen bringen noch vier weitere Spieler den Einsatz, inklusive des Small Blinds, der Big Blind checkt.

Flop: K♥-T♥-4♣. Die Blinds checken.

Tolle Hand, Sie haben einen Drilling gefloppt! Aber bedenken Sie, es gibt insgesamt vier Gegenspieler. Demnach müssen Sie davon ausgehen, dass von irgendwo her Gefahr lauert. Jemand hält zwei Herz oder QJ (Straight Draw) oder vielleicht auch nur einen Gutshot Straight Draw.

a. Sie sitzen mit vielen Anfängern an einem Tisch, mit passiven Spielern, also müssen Sie jetzt die Initiative ergreifen. Ihre Hand mag im Augenblick gut sein, aber Sie müssen dafür sorgen, dass Sie weniger Gegner haben. Daher wäre nun ein Einsatz in der Höhe des Potts (400) ratsam. Sollte jetzt noch jemand mitgehen, weil er einen Draw hat, so muss er ordentlich zahlen. Die allermeisten

Hände müssten Sie damit rauspressen, wer jetzt bezahlt hat einen guten Grund oder sollte ihn zumindest haben. Bitte ziehen Sie immer Ihre Beobachtungen mit ins Kalkül. Wer hat bezahlt? Der vorlaute Typ, der sowieso jede Hand spielt? Oder der Krawattenmann? Gehen Sie trotzdem davon aus, dass Sie aktuell die beste Hand haben. Wenn jemand vor dem Flop ein paar Zehner oder Könige gehabt hätte (und nun den besseren Drilling), wäre vermutlich erhöht worden, selbst an einem Anfängertisch. Es könnte natürlich sein, dass jemand, der Q♥J♥ hält, mit seinen 15 Outs auf Straight oder Flush (im Extremfall Straight Flush) rechnet. Aber selbst gegen diese Hand sind Sie zu 58 % Favorit. Schützen Sie Ihre Hand, indem Sie setzen und zwar nicht zu knapp. Viele Gegner, viele Gefahren!

b. Sie sitzen an einem Tisch mit erfahrenen Spielern. Schon in den Runden zuvor haben Sie gespürt, hier wird nicht lange gefackelt. Bitte bedenken Sie für immer und ewig: Erfahrene Pokerspieler haben vor Anfängern keinen Respekt. Sie gestehen ihnen einen gewissen Glücksfaktor zu, mehr nicht. Das Szenario ist in etwa mit dem vorhergehenden zu vergleichen, es gibt allerdings einen gravierenden Unterschied. Sie müssen generell davon ausgehen, dass Sie von den Routiniers zur Schwachstelle am Tisch auserkoren wurden. Demnach wird man Ihre Einsätze eventuell einer ordentlichen Prüfung unterziehen, gleichbedeutend mit einer Erhöhung. Erfahrene Spieler kalkulieren häufig ein, dass ein Einsatz in saftiger Höhe beim Anfänger eine Bereitschaft auslöst, die

Hand zu passen. Sollte also zu Ihnen gecheckt werden, Sie setzen und daraufhin erhöht derjenige, der zuvor gecheckt hat, Ihren Einsatz (spielt also ein Check-Raise), dann lassen Sie sich nicht beeindrucken. Hier will möglicherweise ein aggressiver Spieler Tempo aufnehmen und Sie gleichzeitig verunsichern. Es ist sehr wahrscheinlich, dass auch dieser Spieler einen Teil vom Flop erwischt hat und möglicherweise einen Draw besitzt. Selbstverständlich sollten Sie weiter in der Hand bleiben. Bringt der Turn eine Karte, die ihm nicht hilft seine Hand zu verbessern, so wie 6s, wird der Spieler unter Umständen versuchen, mit einem kleinen Einsatz eine günstige River-Karte zu kaufen. Erhöhen Sie! Kein Discount mehr! Setzen Sie mindestens den halben Pott, damit seine Träume von Flush oder Straight beendet sind.

Kleine und mittlere Paare

Ein hochsensibles Thema. Endlich werde ich angreifbar. Bisher haben selbst eingefleischte Poker-Theoretiker und Foren-Enthusiasten wenig auszusetzen gehabt (hoffe ich zumindest). Aber nun gibt es ein Spezialgebiet. Paare. Sie halten ein Paar 2 auf der Hand. Oder ein Paar 3. Oder ein Paar 4. Bis zur 9 gibt es keine großen Unterschiede, es handelt sich um ein kleines bzw. mittleres Paar. Das Thema ist deswegen hochsensibel, weil es keinen Anfänger gibt, der jemals ein kleines oder mittleres Paar vor dem Flop gepasst hätte. Es ist vollkommen egal, in welcher Position, ob vor oder nach ihm erhöht wurde, es spielt keine Rolle. Alle Anfänger zahlen immer alles, wenn sie ein Paar als Starthand halten. Das ist ein sehr großer Fehler. Dabei gilt doch ein Paar eigentlich als gute Starthand. Asse, Könige, Damen! Doch die Attraktivität schwindet, je kleiner das Paar wird. Was muss passieren, damit Sie ein kleines oder mittleres Paar spielen können? Was sind die Probleme?

1. Jedes kleine oder mittlere Paar wird nach dem Flop mit großer Wahrscheinlichkeit auf Karten treffen, die höher als das Paar auf der Hand sind. Sie haben ein Paar 4? Wie fühlt sich das an, bei einem Flop von A-Q-9?
2. Daher sollte man ein kleines oder mittleres Paar nie gegen eine Erhöhung spielen, speziell dann nicht, wenn es eine Erhöhung aus einer früher Position ist.
3. Ihr Paar wird in einem von acht Fällen zum Drilling. Sie verstehen den Umkehrschluss? In sieben von acht Fällen bleibt es ein kleines oder mittleres Paar.
4. Wenn es dann tatsächlich zum Drilling wird, wollen Sie auch entlohnt werden, also einen entsprechend großen Pott gewinnen. Dazu brauchen Sie mindestens zwei Gegner.

Wir gehen von völlig normalen Wahrscheinlichkeiten aus: Angenommen, Sie haben ein kleines oder mittleres Paar. In jedem zweiten Fall haben Sie die Situation, dass vor Ihnen nicht erhöht wurde und Sie zwei Mitstreiter haben. In jedem achten Fall wird Ihr Zwilling zum Drilling. Hoch geschätzt bekommen Sie nach dem Flop entsprechend Action und einen lukrativen Flop in zwei von drei Fällen. Die Wahrscheinlichkeit, dass alle diese Fälle in einer Runde eintreffen, beträgt 4 %! Das bedeutet, Sie bezahlen ständig mit Ihren Paaren, aber der Rückfluss der eingesetzten Mittel ist ausgesprochen mager. Selbst wenn Sie dann mal einen Pott gewinnen, der 24-mal so groß ist wie der Big Blind, landen Sie auf Dauer nur bei Plusminus Null. Daher der dringende Rat an alle Poker-Anfänger: Trennen Sie sich vor dem Flop von kleinen oder mittleren Paaren, wenn Sie jemanden vor sich haben, der ordentlich erhöht hat. Behandeln Sie diese Paare wie „suited connectors“, also Hände wie 98s oder 65s. Ideal wäre, wenn Sie den Flop so günstig wie möglich zu sehen bekommen. Angenommen, vor Ihnen wird nur gecallt, so haben auch Sie die Chance „zu limpen", verbunden mit der Hoffnung, dass nach Ihnen niemand erhöht. Wenn Sie dann tatsächlich den Drilling treffen, sollten Sie sofort anspielen. Sie haben wahrscheinlich mehrere Gegner, daher müssen Sie versuchen, deren Anzahl zu reduzieren. Jede Straight, jeder Flush macht Ihnen den Drilling zunichte. Pressen Sie die Gegner aus der Hand. Natürlich gibt es Situationen, in denen man auch langsamer spielen und Fallen stellen kann. Aber hier gilt es, das Rüstzeug für die ersten Poker-Abende zu erwerben. Und das „Slowplay“, also das absichtlich defensive Spielen einer starken Hand, gehört am Anfang Ihrer Pokerkarriere noch nicht zum Repertoire.

Dazu noch eine nette Anekdote: Es gab eine Phase, da habe ich bei den TV-Turnieren über Monate beobachten können, wie sämtliche

Michael Körner (li.) im Heads-Up mit John Kalmar bei den UK Open 2006.

Drillinge langsam gespielt wurden, sprich, der Spieler hat die Hand erst mal gecheckt. Ein Paar 6 auf der Hand, Flop Q-9-6. Check! Ganz klassisch wird die Falle gestellt, hoffentlich setzt jemand und dann „raise" oder „call", was auch immer, spielt keine Rolle. Bei allen Turnieren, die ich spielte, war es ebenso. Ja, ich gebe zu, auch ich habe den gefloppten Drilling gecheckt. Das Gefühl der Genugtuung, wenn dann die Chips des Gegners in die Mitte kommen, herrlich!

Dazu sei angemerkt, mir ist wohl bewusst, dass ein Drilling nicht den automatischen Gewinn des Potts zur Folge hat, aber es ist meistens eine ertragreiche Angelegenheit. Ich hatte dann Gelegenheit, mit einem deutschen Pokerprofi über gefloppte Drillinge zu sinnieren, und bekam zur Antwort: „In Vegas geht der Trend dahin, den Drilling anzuspielen."

Interessant. In Paris werden die Röcke kürzer, man trägt als Modefreak die Sonnenbrille eine Nummer zu groß. Und in Vegas? Klar, da wird der Drilling angespielt. So lächerlich das auch klingen mag, aber hier wird ein unglaublich interessanter Bereich des Pokerspiels gestreift. Das Verhalten der Masse! Und als Umkehrschluss: Anders als die Masse sein! Sich einem Trend widersetzen. Ha, ich hab' den Drilling angespielt! Und tatsächlich. In den letzten TV-Turnieren war zu beobachten, wie die Spieler verstärkt den gefloppten Drilling angespielt haben. Und, äh, na ja, ich auch…

5. BEACHTEN SIE DIE HÖHE DES EINSATZES

„Wie viel muss ich jetzt setzen?" Die wahrscheinlich häufigste Frage an einem Anfänger-Pokertisch. Es gibt keine andere Situation beim Poker, bei der ein Neuling so viel Schaden anrichten kann wie unmittelbar nach dem Flop. Der Spieler schaut noch mal in seine Karten, lächelt leise und weiß nicht genau, was er jetzt machen soll. Die Frage in die Runde, was nun eigentlich gesetzt werden muss, verrät den Ober-Rookie. QJ auf der Hand, auf dem Tisch liegt Q-Q-3, hier möchte jemand mitspielen. Ob bei Stefan Raabs Promirunde oder anderen VIP-Events, die wir im DSF gezeigt haben, nun passiert genau das, was Moneymaker meint, wenn er davon spricht, dass Einsteiger nicht wissen, was passiert, wenn sie „in einer Hand" sind. Sollte jemand in Ihrer Runde so handeln wie eben beschrieben, dann können Sie mit der Sicherheit des nächsten Sonnenaufgangs davon ausgehen, dass bei demjenigen eine starke Hand liegt. In einer solchen Situation so durchschaubar zu wirken, müssen Sie unbedingt vermeiden. In einer Runde mit erfahrenen Spielern legen sich Ihre Gegner das Filetierbesteck zurecht, wenn sie einfältige Verständnisfragen zu hören bekommen. Nun betreten wir allerdings ein Gebiet, bei dem wir mit lustigen Vergleichen aus der Tierwelt und profanem Schubladendenken nicht allzu weit kommen. Das Thema „Wie viel setzt man wann und zu welchem Zeitpunkt?" bietet Stoff für ein komplettes Buch. Außerdem kommen wir nicht am kleinen, aber feinen Bereich der Mathematik vorbei. Ja, es muss gerechnet werden, nicht viel, aber ein bisschen. Dabei werden wir uns hier ausschließlich über die Vorgehensweise bei NL-Turnieren auslassen, unter der Voraussetzung, dass sich die Anzahl der Spieler zwischen sechs und zehn bewegt. Den fortgeschrittenen Spielern, denen die hier praktizierte Vorgehensweise zu durchschaubar erscheint, sei noch mal gesagt, hier soll Anfängern vermittelt werden, wie sie grobe Fehler vermeiden. Wie in der Tanzstunde: Erst mal den Rhythmus finden, der geschmeidige Hüftschwung kommt später.

TIPP:

Sollten Sie überlegen, sich einen Chipkoffer anzuschaffen, so wählen Sie unbedingt Chips mit aufgedruckten Zahlen. Spielen Sie ohne Zahlen auf den Chips, so garantiere ich für mindestens fünf Fragen der Kategorie „Wie viel waren noch mal die Roten wert?" pro Abend. Und investieren Sie lieber ein paar Euro mehr und nehmen qualitativ hochwertige Ware.[2] Chipgewicht 11,5 Gramm sollte schon sein, es soll doch mindestens so schön klackern wie im Fernsehen...

[2] Auf **www.gamblerstore.de** finden Sie eine perfekte Auswahl.

Orientierung an Pottgröße und Blinds

Um einen Anhaltspunkt über Ihren möglichen Einsatz zu ermitteln, sollten Sie über die Höhe der Blinds und die aktuelle Größe des Potts stets im Bilde sein. Insbesondere letzteres fällt vielen Spielern schwer, da man ständig gezwungen ist, aufzuaddieren.

VOR DEM FLOP: Angenommen, die Blinds sind bei 10 (SB) und 20 (BB), dann müssen von jemandem, der callt, 20 bezahlt werden. Möchte man erhöhen, so muss mindestens der doppelte Big Blind bezahlt werden, also in diesem Fall 40. Das ist die blanke Theorie. Natürlich kann man auch mehr erhöhen, maximal alles, was man hat – das berühmte All-In. Wenn Sie sich nun entschieden haben, Ihre Hand zu erhöhen, dann nehmen Sie als Standard mindestens den dreifachen Big Blind, beim angeführten Beispiel also 60. In dieser Hinsicht brauchen Sie im Laufe der Runden auch nicht großartig variieren, bleiben Sie bei einer Pre-Flop-Erhöhung beim dreifachen Big Blind. Aber was tun, wenn vor Ihnen jemand erhöht hat und Sie möchten Ihre Hand nicht wegwerfen? Erst mal gilt es zu überprüfen, wer erhöht hat und aus welcher Position. War es jemand in erster Position, der bis dahin noch keine Hand gespielt hat? Dann sollten Sie durchaus überlegen, Hände wie ATs, KJs und ähnliches Gemüse in den kurzfristigen Vorruhestand zu entlassen. Kam die Erhöhung von einem Vielspieler, der Ihnen im Showdown auch schon mal 85o gezeigt hat, dann spricht nichts dagegen, stumpf zu bezahlen. Besitzen Sie selbst ein so genanntes Monster, also Hände wie AA, KK, QQ und AK, dann besteht die Möglichkeit, weiter zu erhöhen. Das hat mehrere Vorteile: Sie sind ab sofort der Aggressor in der Runde. Wenn der Spieler, der ursprünglich erhöht hat, Ihre weitere Erhöhung bezahlt, dann wird er vermutlich nach dem Flop ehrfürchtig zu Ihnen hin checken. Sie haben Position auf ihn und können eventuell mit einem weiteren Einsatz den Pott für sich entscheiden. Durch das Re-Raise werden Sie sehr wahrscheinlich alle weiteren Spieler nach Ihnen vertreiben, Spieler, die Hände haben wie 78s, ein kleines oder mittleres Paar – Hände also, die aufgrund guter Pot Odds dabei geblieben wären, wenn Sie nur gecallt hätten. Sollte vor Ihnen auf 60 erhöht worden sein, so wäre eine weitere Erhöhung auf insgesamt 150 durchaus praktikabel. In jedem Fall sollte es mindestens das Doppelte der ursprünglichen Erhöhung sein.

NACH DEM FLOP: Wir betreten das Minenfeld. Auch hier gilt, es gibt keinen Königsweg, nur Hinweisschilder! Voraussetzung ist allerdings, dass Sie eine Übersicht über die Höhe des Potts behalten, denn Ihre Einsätze nach dem Flop stehen immer im Zusammenhang mit dem, was bereits an Chips in der Mitte liegt. Um in die zahlreichen Möglichkeiten, die nach dem Flop vorhanden sind, etwas Struktur reinzubringen, unterscheiden wir verschiedene Szenarien.

Die starke Hand: Value Bet

NLHE-Turnier, Blinds 10/20. Sie haben 1500 an Chips, Position am Button.

Ihre Hand: K♥Q♠

Sie sitzen in der späten Position, haben vor dem Flop auf 60 erhöht, ein Spieler nach Ihnen (Position Big Blind) callt.

Der Flop: K♦-8♦-3♣ – Ihr Gegner checkt.

Sieht doch gut aus. Sie haben das Top-Paar und einen sehr respektablen Kicker. Vermutlich haben Sie momentan die beste Hand und es gibt überhaupt keinen Grund, hier lange rumzumachen. Setzen Sie das, was im Pott liegt, also 130 (Ihre Erhöhung war 60 + 10 vom Small Blind + 60 vom Big Blind). Sollte Ihr Gegner tatsächlich zwei Karo haben und somit einen Flush Draw, so wird er sich nun reiflich überlegen, ob er weiter mit dabei bleibt. Ihr Einsatz steigert den Wert Ihres möglichen Gewinns, daher spricht man hier von einer Value Bet. Es bleibt Ihnen überlassen, ob Sie weniger als die Pott-Größe setzen. Einsteiger machen hier oft den Fehler, nur das Minimum zu setzen, also in diesem Fall 20. Damit bleiben aber Spieler weiter dabei, die tatsächlich einen Draw haben oder den Flop auch in irgendeiner Form getroffen haben.

Es kann nie schaden, sein Spiel zu variieren. Wenn nur die halbe Pott-Größe gesetzt wird, könnte das vom Gegner als ein Zeichen von Unsicherheit interpretiert werden, so dass womöglich weitere

Chips von ihm in den Pott wandern. Trotzdem tendiere ich zu einem höheren Einsatz. Eine starke Hand langsam zu spielen, kann einen Anfänger in Schwierigkeiten bringen. In einer späteren Turnierphase, wenn Sie spüren, dass Ihr Gegner verzweifelt bemüht ist, dem Pott hinterherzujagen, da kann es sinnvoll sein, ihm hier eine Falle zu stellen. Aber gerade zu Beginn eines Turniers ist die Bereitschaft eines Spielers deutlich geringer, einer Chance hinterherzuhecheln.

Der verpasste Flop: Continuation Bet

Das gleiche Szenario, aber ein anderer Flop.
Ihre Hand: KQ – ***der Flop:*** T 6 2.

Sie haben zwar den Flop verpasst, aber Ihrem Gegner scheinen die Gemeinschaftskarten auch nicht sonderlich zu gefallen. Wenig deutet darauf hin, dass jemand einen Draw haben könnte. Da Ihr Gegner gecheckt hat, versuchen Sie jetzt, mit einer Fortsetzung der aggressiven Strategie vor dem Flop den Pott zu gewinnen. Setzen Sie etwa die Hälfte des Potts. Pokerspieler sprechen hier von einer Continuation Bet, da der ursprüngliche Erhöher nach dem Flop noch einen weiteren Einsatz bringt.

Drei Dinge müssen erfüllt sein, damit man von einer Continuation Bet spricht.

1. Der Spieler, der setzt, war vor dem Flop der Erhöher.
2. Es wurde nach dem Flop noch nicht gesetzt.
3. Der Spieler, der setzt, hat den Flop verpasst.

Insbesondere an Anfängertischen kann eine Continuation Bet ein tolles Mittel sein, um den Pott zu stehlen. Werden Sie nach einem solchen Einsatz gecallt, dann haben Sie eine wichtige Information – Ihr Gegner möchte dabei bleiben. Nun ist nach der Turn-Karte Vorsicht geboten.

a. **Sie sitzen in der späten Position am Button, haben vor dem Flop erhöht, Ihr Gegner (Big Blind) callt.**
   Ihre Hand: A♠T♦ – ***der Flop:*** Q♠-9♠-8♣. Ihr Gegner setzt ca. zwei Drittel des Potts.

   Keine einfache Situation. Sie haben den Flop verpasst, Ihr Gegner signalisiert, dass er eine gute Hand hält, er setzt, obwohl er keine Position auf Sie hat. So richtig wohl werden Sie sich nur fühlen, wenn sich ein Bube auf Turn oder River zeigt, denn der Bube bringt Ihnen eine Straße. Bevor Sie weitere Entscheidungen treffen, sollten Sie schnell in der Schublade nachschauen, welche Eigenschaften Sie dem Gegner bereits zugeteilt haben. Ist er mehr der aggressive oder zurückhaltende Typ? Er sitzt im Big Blind. War es vielleicht Ihr dritter oder vierter Versuch in Folge, ihm den Big Blind zu stehlen? In jedem Fall ist es ein sehr hässlicher Flop für Sie. Möglicherweise hat Ihr Gegner einen viel schöneren Draw, immerhin liegen zwei Pik auf dem Tisch, dazu zwei aufeinanderfolgende Karten. Und nun setzt der Typ 120 in einen Pott von 150. Damit hat sich die Hand für Sie erledigt. Zu viele Fallen, zu wenig Möglichkeiten, um zu entkommen. Die nächste Karte ist zu teuer. Zollen Sie Ihrem Gegner Respekt, dass er seine Dame getroffen hat und diese auch gegen eventuelle Draws verteidigen möchte und passen Sie.

Billige Stehlversuche abwehren

b. Sie sitzen in der späten Position am Button, haben vor dem Flop erhöht, Ihr Gegner (Big Blind) callt.
Ihre Hand: A♠T♦ – ***der Flop:*** Q♠-9♠-8♣. Ihr Gegner setzt 20.

Gleiches Szenario, aber Ihr Gegner setzt nur 20 in einen Pott von 150.

Obwohl die Karten exakt so verteilt sind wie im Beispiel a., gibt es hier die Möglichkeit, strategisch komplett anders vorzugehen. Ihr Gegenspieler setzt nur den Mindesteinsatz (nach dem Flop mindestens Big Blind). Dieses billige Anspielen praktizieren manche Spieler, wenn sie den Flop verpasst haben, aber gleichzeitig der Ansicht sind, dass auch ihr Gegner nur ungern weiterspielen möchte. Oder sie haben eine aussichtsreiche Hand und möchten gerne zu einem niedrigen Preis die nächste Karte sehen. Hier lassen sich Einsteiger gerne überrumpeln und bezahlen einfach den vermeintlich kleinen Einsatz oder passen direkt. Diese Strategie sollten Sie durchkreuzen. Werden Sie jetzt zum Aggressor, übernehmen Sie das Kommando! Natürlich ist es verlockend, einfach die 20 zu bezahlen und damit für wenig Einsatz eine weitere Karte zu sehen, aber so richtig glücklich macht Sie doch eigentlich gar keine Karte. Buben? Mit Pik Bube hat der Gegner womöglich seinen Flush vollendet und wer sagt denn, dass die drei anderen Buben ihm nicht zu einer höheren Straight als Ihrer verhelfen? Entweder gehen Sie direkt raus oder Sie erhöhen! Mit der Erhöhung repräsentieren Sie die starke Hand. Sollten Sie nun gecallt werden, so haben Sie zumindest die sichere Information, dass Ihre Hand aktuell nicht gut genug ist. Die Erhöhung muss nicht spektakulär sein, es liegen 170 im Pott (150 vor dem Flop + 20 „Baby-Einsatz"), so dass Sie mit 100 gut dabei sind. Wenn Ihr Gegner jetzt bezahlt, haben Sie zumindest die Chance, dass er nach dem Aufdecken der Turn-Karte sehr wahrscheinlich zu Ihnen checken wird. Damit haben Sie in jedem Fall einen kostenlosen Blick auf die River-Karte. Diese kleinen Einsätze, um eine billige nächste Karte zu sehen oder einen billigen Showdown zu bekommen, sind ein beliebtes Hilfsmittel. Man nennt sie auch „Blocking Bets". In einem Buch für fortgeschrittene Spielstrategien werden sie ein wichtiges Thema sein.

Nicht jeden Draw bezahlen

c. Sie sitzen in einer frühen Position, vor dem Flop wurde erhöht.
Ihre Hand: Q♣J♣ – ***der Flop:*** A♠-T♥-9♦.

Ihre Absicht war, möglichst billig den Flop zu sehen. Sie callten in der ersten Position, nach Ihnen wurde erhöht, auch das haben Sie gecallt. Jetzt sehen Sie das böse Ass auf dem Tisch, die Karte, vor der Sie berechtigterweise Respekt haben sollten. Immerhin hat Ihnen der Flop die Möglichkeit geschaffen, eine Straße zu bekommen. Mit einer 8 oder einem König wäre Ihre Hand sehr stark, Sie haben also einen Open-Ended-Straight-Draw. Sie müssen ab sofort einkalkulieren, dass Ihnen tatsächlich nur eine 8 oder ein König zu einer siegreichen Hand verhelfen. Beide sind viermal im Deck, man spricht daher von 8 Outs. Ihr Ziel muss es sein, möglichst billig an die nächste Karte zu kommen. Also chekken Sie erst mal. Nun kommt der Spieler, der vor dem Flop erhöht hat. 150 liegen im Pott, 150 werden auch von ihm gesetzt. Sie werden Ihren Flush in etwa jedes dritte Mal vollenden, aber nur wenn Sie bis zum River durchhalten! Die Wahrscheinlichkeit, dass Sie die Straße bereits auf dem Turn bekommen beträgt knapp 20 %, das bedeutet, in einem von fünf Fällen klappts, so dass man von einem 4:1 Verhältnis spricht. Nun müssten Sie 150 bringen, im Pott liegen 300 (Pot Odds 2:1). Damit ist die Verhältnismäßigkeit nicht mehr gewährleistet, es ist schlicht zu teuer, sich die nächste Karte anzuschauen. Wenn Ihr Gegner aber weniger setzt, sagen wir 50, dann ergibt sich eine neue Situation. 200 liegen im Pott, 50 müssen Sie setzen, also Pot Odds von 4:1 statt vorher 2:1. Damit ist die Verhältnismäßigkeit gegeben, Sie können callen.

Um die vielfältigen strategischen Möglichkeiten beim Poker ausnutzen zu können, muss man sich zumindest in Ansätzen mit diversen statistischen Prinzipien auseinandersetzen. Anfänger verlieren genau aus dem Grund beim Poker ihr Geld, weil sie sich an diese Prinzipien nicht halten. Natürlich spielt der Faktor Glück eine Rolle, aber langfristig setzt sich der Spieler durch, der auch über die besseren strategischen Fähigkeiten verfügt. An alle diejenigen, die glauben, Poker sei ein Glücksspiel, sei an dieser Stelle der Hinweis erlaubt, dass es keine „Lottoprofis" oder „Rouletteprofis" gibt – bei Glücksspielen gewinnt einfach der Glücklichere –, aber sehr wohl gibt es den „Pokerprofi".

Pot Odds

Um es für alle Einsteiger so einfach wie möglich zu machen, hier nur ein kurzer Abriss zum berüchtigten Thema Pot Odds. Vergleichen Sie die Gewinnwahrscheinlichkeit Ihrer Hand mit dem Verhältnis des zu erbringenden Einsatzes zum aktuellen Pott.

Das klassische Beispiel: Nach dem Flop fehlt Ihnen noch ein Pik zum Flush. Die Chance, mit der nächsten Karte jenes Pik zu bekommen, beträgt 20 %. In einem von fünf Fällen wird es passieren, man spricht von einem 1:4 Verhältnis (nicht 1:5, wie manche bei einer 20 %-Chance oft annehmen). Angenommen, es liegen 4 Dollar im Pott und Sie müssen 1 Dollar bringen, um dabeizubleiben. Auch das ist ein Verhältnis von 1:4. Damit liegen 5 Dollar im Pott. Sie zahlen 1 Dollar, um 5 Dollar zu gewinnen. Sie gewinnen in einem von fünf Fällen. Viermal verlieren Sie 1 Dollar. Und in vier von fünf Fällen kommt ja auch kein Pik zum Flush. Das Verhältnis ist also exakt gleich. 4:1 Pot Odds, 4:1 Gewinnchance. Auf Dauer liegen Sie bei „Break-Even", das heißt, Sie gewinnen zwar kein Geld, wenn Sie bezahlen, aber Sie verlieren auch keins. Auf dieser Basis kalkulieren Pokerspieler ihre Einsätze. Im Glossar finden Sie eine Tabelle, in der die Anzahl der Outs und der dazugehörigen Odds aufgeführt werden.

6. EIN BLUFF IST EINE NOTLÖSUNG!

Poker ohne Bluff ist wie... Bevor wir hier eine unendliche Reihe mäßig witziger Vergleiche der Sorte: ... ist wie „RTL ohne Bohlen", „Tagesschau ohne Wetter" oder „Pommes ohne Mayo" starten, machen wir es kurz. Poker funktioniert nicht ohne Bluffen. Dabei spielt es eine große Rolle, den Bluff etwas genauer zu definieren.

Beispiel: Sie sitzen in einer Pokerrunde und bekommen seit geschätzten 756 Minuten schlechte Karten. Der Frust steigt, Sie sitzen in erster Position und blicken auf Ihre Karten. Wie ein schlechter Gary-Glitter-Starschnitt aus der BRAVO von Juni 1973 strahlt Ihnen 83o entgegen. Doch innerhalb einer Nanosekunde haben Sie sich zu einer Erhöhung entschieden: „Raise!!" knallt es durch den Raum, nicht mal Cincinnati Kid hätte in diesem Moment verwegener schauen können. Ihr Frust in Ehren, aber bedenken Sie bitte, Sie sind ein Poker-Einsteiger. Ihr tatsächliches Problem kommt erst noch. Aus lauter Frust bedenkenlos eine Hand vor dem Flop zu erhöhen, davon kann sich keiner frei sprechen. Doch insbesondere viele Anfänger geraten dann nach dem Flop ins Trudeln und suchen verzweifelt nach dem Bremsfallschirm. Sie treffen mit dem Flop Q-7-3 tatsächlich das kleine Paar, aber der aggressive Gegner macht Ihnen mit großen Einsätzen ordentlich zu schaffen. Nach dem Turn verlässt Sie der Mut, Sie kapitulieren, weil Sie instinktiv nie wirklich an Ihre Hand geglaubt haben. Mit A3 hätten Sie womöglich ein anderes Gefühl gehabt, aber allein Ihre Starthand gibt Ihnen ein zittriges Händchen, zu wenig Erfahrung, Angst vor der eigenen Courage. Begeben Sie sich als Anfänger einfach nie in Situationen, die Sie unter Umständen nicht beherrschen. Eine „Continuation Bet" (siehe Kapitel „Beachten Sie die Höhe des Einsatzes") ist auch ein Bluff, aber wesentlich sinnvoller, als eine x-beliebige Starthand zu spielen. Und genau darum geht es: Ein Bluff heißt nicht unbedingt eine schwache Hand zu spielen, sondern in einer gewissen Situation eine starke Hand zu repräsentieren! Dabei hilft eine gute (späte) Position und ein konservatives Image am Tisch. Mussten Sie im Laufe eines Abends bereits neunmal nach dem Showdown einen Bluff aufdecken, so können Sie sicher sein, dass Ihnen die Spielkollegen demnächst ein T-Shirt mit dem Aufdruck „Kanonenfutter" überreichen. Viele Anfänger glauben, ein netter Bluff muss einfach sein. Noch schlimmer ist es, wenn man sich dabei eine Art „Lieblingsgegner" aussucht: „Du hast mir vorhin meine Chips weggenommen, jetzt bist Du fällig!" Solche Gefühlsentscheidungen sind oftmals noch schwerwiegender, als einen eigentlich zu teuren Einsatz zu callen, weil man unbedingt die letzte Karte sehen will. Sehr gerne wird auch das erhebende „Mir war klar, Du hast nichts!" als Ausrede genommen, um in den Showdown zu gehen. Dabei ist die eigene Hand so gut besetzt wie ein Kettenkarussell bei Dauerregen.

Semi-Bluff

Sehr viel interessanter wird die Situation, wenn Sie zumindest die Aussicht auf eine gute Hand haben bzw. etwas halbwegs Akzeptables bereits vorzeigen können. Vor dem Flop wurde erhöht und Sie haben mit J♥T♥ den Einsatz gebracht. Im Flop liegen Q♠-9♥-7♥. Sie haben demnach die Aussicht auf eine Straight (mit jeder 8 oder jedem K) oder einen Flush (mit jedem Herz). Wird jetzt zu Ihnen gecheckt, können Sie mit einem Einsatz (½ bis ¾ des Potts) anspielen. Das würde man als Semi-Bluff bezeichnen. Sie haben zwar nichts auf der Hand, aber die aussichtsreiche Chance auf ein starkes Blatt. Außerdem besteht die große Wahrscheinlichkeit, dass Ihr Gegner nach einem eventuellen Call wieder checkt, nachdem die Turn-Karte aufgedeckt wurde. Sie bekommen also die River-Karte unter Umständen kostenlos. Auch hier hilft die Position, Sie sind nach dem ursprünglichen Aggressor an der Reihe, Sie haben Position auf ihn. Kommen also mehrere Umstände zusammen, wie Position, guter Draw, zurückhaltender Gegner, so ist ein Bluff oder Semi-Bluff wesentlich sinnvoller.

Einen Move machen

Liebe Onlinespieler, verehrte Pokerforen-Autoren, Hallo Gus Hansen[3]! Ich vermute, Euer Einwand lautet wie folgt: „Wer so pokert

[3] Pokerprofi Gus Hansen gilt als hyper-aggressiver Typ, der häufig x-beliebige Karten spielt.

wie hier beschrieben, wird nie ein Champion. Das ist alles zu leicht durchschaubar." Euer Einwand ist berechtigt, aber in der Kernaussage falsch. Selbstverständlich habt Ihr alle schon in diversen Situationen mit 73o aus der ersten Position erhöht, toll war das, und wie Ihr den Gegner nach dem Flop A-Q-T super klasse ausgespielt habt, es war eine Freude! Aber hier soll der Laie daran gehindert werden, dass er nach seinen ersten Pokererfahrungen reumütig nach Hause zurückkehrt und in den darauffolgenden sieben Jahren nur noch „Schwarzer Peter" mit seiner kleinen Tochter spielt (was übrigens eine Riesengaudi ist). Es gibt Spieler, die haben enorme Probleme zehn Hände in Folge zu passen und beginnen irgendwann unruhig zu werden. Bei der nächsten Hand, da muss es aber dann sein, egal was kommt! Niemandem soll versagt werden, *mal einen Move zu machen*, also abseits seiner üblichen Spieltheorie etwas Neues zu versuchen. Cord statt Jeans, Tee statt Kaffee, 82o statt AA. Aber alles zu seiner Zeit. Und vor allen Dingen: Alles in Maßen! Jeder Pokerspieler weiß, wie sehr ein gewonnener Bluff das Selbstwertgefühl steigert. Diese Genugtuung, endlich begriffen zu haben, worum es geht und wie es geht. Das schwerwiegende – weil höchst unnatürliche – Problem, den Anflug eines Grinsens unterbinden zu müssen, weil zum Bluff natürlich das Pokerface gehört. Aber ein gewonnener Bluff sollte in gar keinem Fall dazu verleiten, nun beständig diese Taktik zu verwenden und ständig darauf aus zu sein, einen Move zu machen. Perfekt ist, wenn Sie so ein Image am Tisch haben, dass Ihnen keiner einen Bluff oder eine überraschende Strategie zutraut. Schöne Beispiele gibt es dazu von den „World Open", einem in England produzierten TV-Turnier. Die zweite Staffel und die nette Summe von 200.000 Dollar gewann die Engländerin Pippa Flanders.

Pippa Flanders

Die wenigsten Menschen schaffen es, aus dem äußeren Erscheinungsbild eines Menschen keine Rückschlüsse zu ziehen. Sieht man Pippa an einem Pokertisch sitzen, so wirkt das erst mal leicht befremdlich. Verhuscht, mit großen Augen und leicht verplant sitzt die Engländerin zwischen den anderen Pokerprofis. Zudem spielt sie anfangs so defensiv, dass Ayers Rock dagegen wie ein Wackelpudding erscheint. Das ergibt eine unschlagbare Kombination! Dieser Frau traut man einfach keinen Bluff zu. Sie blufft in der Tat sehr wenig, aber wenn, dann knüppelt sie den Bluff gnadenlos durch. Wenn sie mit ihrer zarten Stimme „I want to raise All-in" haucht, erscheint die eigene Hand so gefährlich wie ein Streichelzoo. Perfekt wird ihr Spiel, wenn sie alles kombiniert: In einer Szene hält sie nach dem Turn ein Full House und schaut dann mit zusammengekniffenen Augen auf die River-Karte. „Ich habe heute meine Kontaktlinsen nicht dabei.", so ihr Kommentar. Ihr Gegner bekommt allerdings den Eindruck, Pippa ist verzweifelt auf der

Suche nach der fehlenden Karte für den Flush und bezahlt. Showdown, Danke schön, Vorsicht mit den Chips!

Sehr überzeugend war auch der Bluff eines amerikanischen Online-Qualifikanten beim gleichen Turnier in einer anderen Vorrunde. Lawrence Bonet spielte grundsätzlich nur Hände wie AA oder KK. Und wenn er sie dann mal spielte, zitterten seine Hände so arg, dass man befürchten musste, in seinen Adern müsste bald Schlagsahne sein. Jetzt ergab sich die Situation, dass er in einer Hand gelandet war, die eher ungünstig für ihn lief. Es lagen drei Pik auf dem Tisch, er selbst hatte kein Pik. Auch kein Paar oder einen Draw. Nichts. Sein Gegner hatte einen Drilling gefloppt und schob seinen Einsatz in die Mitte. Bonet schaute noch mal in seine Karten und dann geschah das Unfassbare: „Raise!" Die Hände ruhiger als ein Herzchirurg zählte er seine Chips und setzte in etwa die Hälfte seines Vermögens. Der Typ mit dem Drilling überlegte lange Zeit, schüttelte den Kopf und passte seine Hand. Bonet bluffte danach nie wieder, vermutlich hat er die Nervenanspannung auch nur knapp überlebt, aber das Timing und die Durchführung dieses Bluffs waren vorbildlich.

Bluffen gegen Anfänger

Es gibt einen bösen, aber wahren Poker-Spruch: „Never bluff a monkey." Tatsache ist, es bringt nicht viel gegen Anfänger zu bluffen, da diese oft bereit sind, alles zu bezahlen. Anfänger schlägt man, indem man ihnen am Ende die bessere Hand zeigt. Das ist ein gewichtiges Argument, um gerade in Runden mit vielen Anfängern Bluffs zu vermeiden. Es kann Ihnen übrigens sehr gut passieren, dass ein Anfänger in einer Runde dominiert und einen guten Pott nach dem anderen einfährt, obwohl sein Spiel an zentralen Stellen erhebliche Defizite aufweist. Das ist der kurzfristige Erfolg eines vom Glück verfolgten Spielers. Langfristig wird ein Spieler, der sich nur auf sein Glück verlässt, verlieren. Viel wichtiger als den schlechten Spieler zu bluffen ist, seine Fehler zu erkennen. Daher ist die ständige Beobachtung so wichtig. Zu sehen, dass Ihnen die Gelegenheit gegeben wird, sehr billig an die Turn-Karte zu kommen, ist viel wichtiger, als einem undefinierbaren Bauchgefühl zu trauen, das Ihnen vorgaukelt, Ihr Gegner sei gerade mit 72o unterwegs.

7. VERMEIDEN SIE VIELE ALL-IN SITUATIONEN

Was bedeutet All-Iin?

Sie sind „All-In", wenn Sie ihre gesamten Chips setzen. Sie gewinnen oder verlieren allerdings nur so viele Chips wie Ihr Gegner dagegensetzt. Hat er mehr Chips und callt, dann geht es tatsächlich um alles, was Sie haben. Wenn Ihr Gegner weniger Chips hat, dann bekommen Sie im Erfolgsfall seine gesamten Chips, sollten Sie verlieren, so müssen Sie ihm die gleiche Anzahl an Chips geben, die er gesetzt hat.

All-In mit der ersten Hand

Las Vegas, World Series of Poker 2005, der Haupt-Event. Jeder der 5661 Teilnehmer zahlte $10.000 Startgeld, mit dabei ist auch der Schauspieler Oliver Hudson. An seinem Tisch sitzt Sam Farha, Pokerprofi, Zweiter bei der gleichen Veranstaltung im Jahr 2003 (er verlor das Heads-Up gegen Chris Moneymaker). Die erste Hand: Farha setzt 200 mit ATo, Hudson hält TT und erhöht auf 450. Farha callt, es gibt einen Flop, der es in sich hat: A-A-T. Beide haben das Full House, Farha aber das bessere. Farhas Hand ist so gut, dass Hudson keine Karte mehr hilft, egal was auf Turn oder River noch das Licht der Welt erblickt. Sie ahnen was passiert ist? Nach dem Turn (eine Q) geht es hoch her, Raise, Re-Raise und Hudson geht All-In, ohne mit der Wimper zu zucken. Er scheidet aus, das Turnier ist für ihn nach der ersten Hand beendet.

Hat er etwas falsch gemacht? Ein Full House zu passen gehört sicherlich zu den ganz großen Aktionen an einem Pokertisch. Aber es war die erste Hand bei einem Turnier, das über eine Woche dauert! Warum soll ich meine komplette Anzahl Chips riskieren, wenn mich schon AQ oder AT beim Gegner schlägt? Und mein Gegner ist Sam Farha! Ein Profi, der im Vergleich zu manchen Jungspunden eher eine konservative Strategie fährt. Kein schwedischer Online-Qualifikant, für den ein Flush Draw gleichbedeutend mit den Nuts ist. Farha weiß, wann er geschlagen ist und würde NIEMALS beim Main Event der World Series in der ersten Hand seinen kompletten Chipstack riskieren, wenn er nicht die bestmögliche Hand hält. Das Full House von Hudson ist ein Monster, aber bei den Karten, die hier im Spiel waren, handelte es sich nicht um die bestmögliche Konstellation. Hudson verliert gegen AA, QQ und AQ.

Sicherlich gibt es Situationen, bei denen ein Spieler aus so einer Hand „nicht mehr raus kommt". Aber hier ist die Aktion – so nachvollziehbar sie auch sein mag – doch überhastet. Die berühmten

Worte „All-In" kommen einem Spieler immer mal wieder über die Lippen, aber wenn es dumm läuft, dann in einem Turnier eben auch nur einmal. Es schadet nie, wenn vor jeder All-In-Situation kurz die Entwicklung der Hand rekapituliert wird, damit man nachvollziehen kann, was genau zu dieser Entscheidung geführt hat, wem man gegenüber sitzt und was um Himmels Willen eigentlich los ist. Glauben Sie mir, die Welt ist voll von Leuten, die diverse All-In-Situationen in ihrem Leben gerne rückgängig machen würden und das nicht nur beim Poker.

All-In gehen

Gerade Anfängern passiert es häufiger, dass sie sich so sehr in eine Hand verstricken und glauben, nur wenn man jetzt alles setzt, kommt man da wieder raus. So eine Einstellung ist Poker-Selbstmord. Beim eben erwähnten Turnier in Las Vegas hat der später Zweitplatzierte Steve Dannemann nach eigenen Angaben über die gesamten acht Tage nur einmal seine gesamten Chips riskiert. Beim TV-Turnier „Superstars III" gab es allerdings eine Vorrunde, die der dänische Profi Gus Hansen unbedingt gewinnen musste, um sich für die Runde der besten 16 zu qualifizieren. Er ging mit der ersten Hand All-In, ohne sich die Karten auch nur anzusehen. Das wiederholte Gus mit der zweiten, dritten, usw. Hand. Insgesamt 19-mal hintereinander! Der Däne hat jedoch auch eine besondere Reputation. Wie kaum ein anderer Profi ist er in der Lage, x-beliebige Karten in verschiedenen Situationen und Positionen zu spielen. Seine Gegner in dieser Runde ließen sich lange bitten, bis dann mal jemand callte. Gus gewann, hatte einen großen Vorsprung und änderte ab da seine Taktik. Am Ende gewann er tatsächlich die Runde und zog in die Play-Offs ein. Nur ist diese Methode nicht unbedingt zur Nachahmung empfohlen. Wie Bluffs sollten auch All-Ins sparsam eingesetzt werden. Die Voraussetzungen für ein All-In können sehr unterschiedlich sein. Hier einige Szenarien:

a. **NLHE-Turnier, vier Spieler, Blinds 100/200. Sie haben 1800 Chips in später Position.**
   Ihre Hand: A♣K♣. Vor Ihnen wird auf 600 erhöht.

   Sie befinden sich in einer Notlage, denn Ihnen gehen ganz allmählich die Chips aus. Ihre Starthand gehört zur Topkategorie, jetzt brauchen Sie Action. Sie könnten natürlich einfach die 600 bezahlen und sehen, was der Flop bringt. Aber was passiert, wenn Sie weder das Ass noch den König treffen? Eventuell wird Ihr Gegner noch mal setzen, was dann? Wenn Sie aber bereits vor dem Flop auf die Erhöhung mit einem All-In antworten, so besteht durchaus die Möglichkeit, dass Sie den Pott ohne Gegenwehr gewinnen. Wird Ihr All-In gecallt, so gibt es einen Showdown, Sie sehen in jedem Fall sämtliche fünf Gemeinschaftskarten und haben entsprechend gute Chancen, die Hand zu gewinnen.

b. NLHE-Turnier, sechs Spieler, Blinds 25/50. Sie haben 2500 an Chips in mittlerer Position.

Ihre Hand: 4♥4♠. Sie limpen, jemand nach Ihnen ebenfalls, Big Blind checkt.

Flop: A♠-7♦-4♣

Toll! Sie haben einen Drilling und sehr wahrscheinlich die aktuell beste Hand. Sie können direkt anspielen oder checken, das ist Geschmackssache und auch abhängig von den Beobachtungen, die Sie bisher eingeholt haben. Sie verfolgen ab sofort das Ziel, vom Gegner so viele Chips wie möglich in den Pott zu locken. Der Flop sieht nicht so aus, als sollte Ihr Gegner einen Draw haben. Also kommen lassen... Big Blind checkt zu Ihnen, Sie checken. Ihr Nachbar setzt 100, der große Blind steigt aus. Damit ist das erste Ziel erreicht, Sie haben jemanden gefunden, der bereit ist zu investieren. Damit wir den neuen Kunden nicht verschrecken, reicht hier ein einfacher Call.

Turn: A♦. Trommelwirbel! Sie haben ein Full House. Noch bevor Sie Ihr Glück fassen können, knallt Ihnen auch schon der Einsatz des Gegenübers entgegen: Satte 900! Ein kurzer Moment des Verweilens scheint angebracht, denn absolut sicher sein, dass Sie wirklich die beste Hand halten, können Sie nicht. Aber das ist beim Poker leider sehr selten der Fall. Sie verlieren, wenn Ihr Gegner AA, A7 oder A4 hält. Aber sehr wahrscheinlich ist das nicht. Möglich ist ein A mit einer anderen Beikarte, vielleicht A9 oder A3, vielleicht hält er auch ein kleines oder mittleres Paar auf der

Hand. Es ist jedenfalls kein Fehler, hier schon All-In zu gehen. Sie könnten die 900 callen, aber scheinbar hat Ihr Gegner eine respektable Hand und wird das All-In eventuell callen. Für den Fall, dass Sie seine Erhöhung nur gecallt hätten: Ich denke wir sind uns einig, dass Sie Ihre restlichen Chips unabhängig von der River-Karte noch investiert hätten, oder? Sie können also nach dem Turn alles setzen. Sollten Sie tatsächlich gegen AA, A7 oder A4 verlieren, so können Sie immerhin eine nette „Bad Beat"-Geschichte erzählen. Auch das gehört zum Poker!

c. **NLHE-Turnier, sechs Spieler, Blinds 50/100. Sie haben 3000 in Chips in früher Position.**

Ihre Hand: J♠T♠. Sie callen, es wird auf 400 erhöht, Sie callen erneut.

Flop: 9♥-8♥-4♦. Sie setzen 500. Call.

Turn: 6♠. Sie setzen 850. Call.

River: K♣.

Jemand zu Hause? Entschuldigen Sie, dass ich störe, aber Sie sind kurz davor, eine Riesendummheit zu begehen. Um ehrlich zu sein, Sie sind eigentlich mittendrin. Wenn ich mir Ihre Strategie so anschaue, dann bluffen Sie, weil Sie der Meinung sind, dass der ursprüngliche Erhöher den Flop verpasst hat. Außerdem gibt Ihnen jede 7 oder jede Dame eine Straight. Das scheint Ihnen ja einiges wert zu sein, immerhin haben Sie bereits 1750 an Chips investiert, mehr als die Hälfte Ihres Vorrats. Ihr Problem ist bloß, die Karten

sind raus, nichts mehr da, die letzte Setzrunde steht an und Sie werden gefragt: Check oder Bet? Die Situation ist ziemlich zerfahren, Ihre Idee, zweimal auf den Pott draufzuhauen, war teuer, River- und Turn-Karte ein Desaster. Sie haben zwei Möglichkeiten: Alles oder Nichts. Gewinnen werden Sie diese Hand im Showdown sicher nicht, Ihr Gegner hat irgendwas, aber was? Das spielt jetzt keine große Rolle, denn Sie gehen entweder „All-In" und repräsentieren ein absolutes Monster oder checken, verlieren sehr wahrscheinlich und spielen mit 1250 an Chips weiter.
Gute Spieler spüren die Schwäche beim Gegner. Es ist eher ungewöhnlich, dass ein Anfänger dreimal blufft (nach Flop, Turn und River), normalerweise verlässt Pokerjünglinge der Mut, wenn der erste Versuch nicht geklappt hat. Filtern Sie wiederum sämtliche Informationen, bevor Sie den ultimativen Schritt gehen. Ein All-In Bluff ist die absolute Giga-Notlösung!

d. NLHE-Turnier, vier Spieler, Blinds 50/100. Sie haben 2500 in Chips in früher Position.

Ihre Hand: A♦T♣. Sie callen, der Small Blind geht mit, keine Erhöhung vom Big Blind.

Flop: K♥-Q♠-J♣. Small und Big Blind checken zu Ihnen hin.

Gute Nachrichten: Sie haben die Nuts! Die aktuell bestmögliche Hand ist in Ihrem Besitz, eine Straight von der 10 bis zum Ass. Dazu haben die Karten im Flop noch unterschiedlich Farben, was Ihnen entgegenkommt, so hat keiner Ihrer Gegner einen Flush Draw.

Schlechte Nachrichten: So wie es aussieht, sind Ihre Gegner auch nicht sonderlich scharf drauf, in dieses Projekt zu investieren. Keine Erhöhung vor dem Flop, nur hohe Karten auf dem Tisch. Wenn Sie jetzt All-In gehen, können Sie davon ausgehen, dass sie aussteigen. Vielleicht möchte jemand nach dem Turn oder River bluffen, so dass Sie noch genügend Gelegenheit haben, selbst aktiv zu werden. Ein All-In ist jetzt nicht angebracht.

Eher agieren statt reagieren

Den Zeitpunkt des eigenen All-Ins möchte ein Spieler im Idealfall natürlich gern selbst bestimmen. Zudem ist der Druck auf den Gegner größer, wenn man selbst All-In geht, als wenn man auf ein All-In reagieren muss. Beim TV-Event „Superstars III" stellte Profi Mike Matusow die Fähigkeiten von Gus Hansen in Frage, weil der sich erdreistet hatte, mit einem Pocket-Paar 5 sein All-In zu callen. „Er spielt wie ein Idiot, warum macht er das? Es ist für ihn maximal eine 50:50-Situation oder er ist 4:1-Außenseiter!" Nun ist Matusow nicht unbedingt für eine statistisch sauber untermauerte Spielweise bekannt, sein Spitzname ist „The Mouth", weil er seinen Mund nur ungern schließt und alles kommentieren muss. Außerdem kann er scheinbar Gus Hansen nicht leiden. Seine Reaktion war deswegen so harsch, weil es seiner Meinung nach ein sehr großes Risiko ist, mit einem Paar 5 auf ein All-In mit einem Call zu reagieren. Nur gegen ein kleineres Paar hat Gus einen Vorteil. Gegen zwei höhere Karten gibt es eine 50:50-Chance, gegen ein höheres Paar nur 20:80. Selbst für einen gelegentlich super-riskant spielenden Matusow eine nicht nachvollziehbare Entscheidung. Hansen wollte das Glück herausfordern, manchmal unumgänglich, aber der Spieler muss sich im Klaren sein, dass es auch der letzte Move sein könnte.

8. SPIELEN SIE MIT SELBSTVERTRAUEN

Es gibt Dinge beim Poker, die sind nicht beeinflussbar. Der Lauf der Karten zum Beispiel. Oder die Auswahl der Tischnachbarn. Letzteres gilt zumindest für ein Pokerturnier, bei dem der Spieler irgendeinen Platz an irgendeinem Tisch zugewiesen bekommt. Jetzt sitzt man über Stunden (hoffentlich!) mit Menschen am Tisch, die man sehr wahrscheinlich vorher noch nie gesehen hat. Es kann passieren, dass man an einen Tisch gerät, an dem einer oder mehrere sehr präsente Spieler sitzen. Es gibt solche Typen, die eine besondere Ausstrahlung haben, diese „Mir-kann-keiner-was"-Attitüde. Dabei meine ich eher eine natürliche Autorität und weniger das zwar irgendwie putzige, aber auch leicht durchschaubare Posing eines Dave Ulliott („Devilfish"). Bei den Topstars gefallen mir da Phil Ivey (komplett undurchschaubar), Todd Brunson (wirkt massig-unüberwindbar) und Ralph Perry (kühl-abgezockt) am besten. Nun ist nicht jeder mit einer natürlichen Autorität gesegnet, aber jeder kann an seiner Körpersprache, seiner Mimik und Gestik arbeiten. Jeder durchlebt mal eine Pechsträhne, aber man darf sich sein schlechtes Gefühl nicht anmerken lassen. Ewiges Gejammer wie: „Ich treffe einfach keine Karten!" oder „Ich hab schon alles versucht, nichts klappt, alles hat sich gegen mich verschworen." macht Sie anfällig für den Titel „Tisch-Heulsuse", wird aber Ihr Spiel nicht verbessern. Im Gegenteil. Sie werden nur noch mehr zur Zielscheibe Ihrer Gegner. Gute Spieler spüren, wann jemand ein Stimmungstief durchläuft und werden ihn ständig attackieren. Der Grund ist simpel: Spieler im Tief und ohne Selbstvertrauen spielen, wenn überhaupt, nur Monsterhände. Man kann von ihnen prima die Blinds oder den Pott stehlen, da sie sich in ihr kleines Schneckenhaus zurückgezogen haben.

Versuchen Sie immer, über den Dingen zu stehen. Beobachten Sie sich selbst und hinterfragen sich gelegentlich, ob Sie tatsächlich Ihrer Linie treu bleiben. Denn nur allzu leicht lässt man sich von den unterschiedlichsten Dingen aus dem Konzept bringen.

Karten zeigen?

Es gibt Spieler, die können nicht anders. Sie haben ihrer Meinung nach eine Hand vortrefflich gespielt und da es keinen Showdown gab, wo jeder die Karten sehen konnte, juckt es ihnen in den Fingern. Sie drehen die Karten um, um den Triumph noch ein bisschen länger auszukosten. Ob es ein Bluff war, ein Semi-Bluff oder eine Monsterhand, spielt keine Rolle. Wir haben es hier mit einem Spieler zu tun, der sich aktuell sehr wohl in seiner Haut fühlt und voller

Selbstvertrauen ist. Er ist dabei so überschwänglich, dass er allen am Tisch seine Starthand zeigt – ein Fehler, ein sehr großer Fehler. Preisgabe von Informationen ist beim Poker immer ein Fehler. Indem Sie Einblick in die gespielte Hand bekommen, können Sie Rückschlüsse ziehen, wie Ihr Gegner sie gespielt hat. Versuchen Sie sich sofort zu vergegenwärtigen, wie die Einsätze waren, wann und um wie viel erhöht wurde. Irgendwann wird der Spieler wieder zu diesem Muster zurückkehren, nicht sofort, aber bald. Er war damit erfolgreich, er wird es wieder versuchen. Bis auf sehr wenige Ausnahmen empfehle ich, überhaupt nie die eigenen Karten zu zeigen. Aus mir völlig unverständlichen Gründen neigen manche Spieler dazu, gelegentlich eine ihrer zwei Karten zu zeigen. Sie haben vom Button mit A4 erhöht, die Blinds steigen aus, anschließend wird leicht süffisant die 4 umgedreht. Toll. Alle mal herhören: Supermann ist in der Stadt!

Eine Ausnahme kann es nur geben, wenn mir das Zeigen der Karten zum Vorteil gereicht. Da ist dieser ziemlich lästige Small Stack am Tisch, der beständig All-In geht. Die Blinds haben eine ziemliche Höhe erreicht und zu allem Überfluss sitzen Sie im Big Blind, wenn der kleine Racker die Position am Button hat. Da kann es helfen, wenn Sie ihm Ihre Q9s zeigen, die Sie passen, garniert mit den Worten „Reicht nicht!". Der klare Hinweis, dass es beim nächsten Mal anders sein könnte und dass er sich einen weiteren Versuch mit einer schwachen Hand gut überlegen sollte.

Chiptricks

Pokerprofi Antonio Esfandiari war früher Zauberkünstler. Ihm am Pokertisch zuzuschauen, ist für alle Freunde des elegant bewegten Spieljetons eine Freude. Das deutsche Klickerklacker-Ass heißt Jan Heitmann, Profispieler aus München. Wenn ich ihn treffe, muss er mir regelmäßig einen Kartentrick vorführen (die ich noch irrer finde als Chiptricks). Es macht schon was her, wenn man lässig die Chips hin und her bewegen kann. Bounce, Shuffle, Flip, Knuckle Roll, da gibt es zahlreiche Variationen der verblüffendsten Kunststücke. Der Chipshuffle gehört mittlerweile zur Standardausrüstung des Amateurspielers. Dabei werden zwei gleichgroße Stapel zu einem Stapel ineinander bewegt. Und wer das Rumgeklacker halbwegs solide beherrscht, der will es auch mal herzeigen dürfen. Idealerweise, wenn man selbst an der Reihe ist, damit die Mitspieler es auch ganz sicher wahrnehmen. Bezweckter Neben-(Haupt-?)effekt: Hier denkt ein erfahrener Spieler, ein Casinohase, der schon diverse Stunden mit den Jetons verbracht hat. Das verschafft Respekt und Respekt hilft enorm. Natürlich vermittelt es auch ein gutes Gefühl, wenn die Übrigen am Tisch einen als Oberchecker auserkoren haben, auch das ist gut fürs Selbstvertrauen. Es gibt aber auch zahlreiche Geschichten von fortgeschrittenen Spielern, die völlig unbeabsichtigt zu Beginn einer Pokerrunde unter Anfängern diverse Chipshuffle praktizierten und sich wunderten, dass in der ersten Stunde jede ihrer Erhöhungen ein kollektives Passen zur Folge hatte. „Wenn der erhöht, dann hat er was!" So kann sich der coole Zeitvertreib am Pokertisch sogar in einen Nachteil verwandeln. Als Vorbereitung auf den ersten Pokerabend ist es aber in jedem Fall sinnvoller, sich mit dem Pokerspiel zu beschäftigen und nicht mit den Jetons.

Sonnenbrille und MP3

Ein leidiges Thema. Wenn Sie als Zuschauer an einem Pokertisch stehen und alle neun Spieler am Tisch tragen eine Sonnenbrille, ist das ein unglaublich lächerlicher Anblick. Es gibt allerdings kaum eine Runde, in der nicht mindestens ein Spieler seine Augen verdeckt. Gründe für das Tragen einer Brille gibt es genug, nur ob es wirklich triftige Gründe sind, darf bezweifelt werden. Der Hauptgrund ist sicherlich, dass einem die Gegner nicht in die Augen schauen können. Ein verräterischer Blick und schon ist der Bluff aufgeflogen. Augenblicke – im wahrsten Sinne des Wortes – lassen sich nicht manipulieren, bestimmte Muster kehren immer wieder, je nachdem, welche Gemütslage man gerade durchlebt.
Ganz ehrlich?

Ich sehe diese Muster nicht. Sollen sie mir doch in die Augen schauen, interessiert mich nicht, ich rechne derweil die Pot Odds aus. Meine Einstellung rührt sicherlich auch daher, dass ich in den Augen meiner Gegner nie irgendetwas ablesen kann. Ich habe mich wirklich bemüht, aber da fehlt mir die nötige Sensibilität. Ich achte viel mehr auf Bewegungen und vor allem auf Setzmuster. Wann setzt der Typ? Wie viel setzt er? Ob er eine Sonnenbrille trägt interessiert mich nicht. Und wenn er meint, bei mir ein Muster zu erkennen, dann soll es so sein. Hinzu kommt, dass ich mich mit Brille unwohl fühle und ich mich niemals freiwillig in eine ungute Lage versetze.

Sicherlich hat so eine Brille auch Vorteile. Die Gegner lassen sich unauffälliger beobachten. Ich kann mir einen Kandidaten rauspicken und ihn stundenlang observieren, ohne dass es auffällt. Und manch einem milchgesichtigen Onlinespieler verhilft eine rassige Oakley unter Umständen zu etwas mehr „Cincinnati Kid"-Ausstrahlung. Spieler, die Sonnenbrillen tragen, fühlen sich sicherer und selbstbewusster, also sollte man es ihnen zugestehen. Für mich käme es nie in Frage, ich bin Purist, keine Hilfsmittel. Wer sich hinter einer Sonnenbrille versteckt, vergisst unter Umständen, andere viel offensichtlichere Macken zu verbergen.

Etwas anders erscheint die Situation beim Thema MP3-Player. Bei einem riesigen Pokerturnier mit mehren Hundert Teilnehmern ist der Saal erfüllt von einer auf Dauer ziemlich nervigen Grundlautstärke. Mit einem kleinen MP3-Player kann man sich prima abschotten, die Lieblingsmusik verhilft unter Umständen sogar dazu, sich zu entspannen. Für absolute Topleute beinahe ein Muss. Wenn ein Daniel Negreanu ein größeres Turnier spielt, stehen beinahe durchgehend irgendwelche Menschen hinter seinem Rücken. Es ist gut vorstellbar, wie nervig es auf die Dauer ist, wenn man unter ständiger Beobachtung steht. Negreanu spielt sehr viel mit Kopfhörern. Ich habe schon Turniere gesehen, da waren die Spieler ohne Beschallung in der Minderheit. Anfängern möchte ich trotzdem empfehlen, auf die Dauerberieselung zu verzichten. Bei Ihren ersten Live-Turnieren sollten Sie so viel wie möglich von der klassischen Atmosphäre aufsaugen. Die Ansagen des Dealers am Tisch, die Gespräche der Spieler, Sie sollten sich erst mal an die Abläufe gewöhnen, bevor Sie sich von Anfang an abschotten. Überflüssig zu erwähnen, dass bei einer Runde unter Freunden eine derartige Isolation eher ungesellig wirkt...

In Zeiten der drahtlosen Vernetzung sind jedoch viele Spieler skeptisch ob irgendwelcher technischen Geräte in einem Pokersaal. Daher wird in den USA bereits ernsthaft über ein generelles Verbot sämtlicher Player bei einem Pokerturnier diskutiert. Spannung verspricht dabei die Entwicklung von neuen Kartenerkennungssystemen. Um bei TV-Produktionen das Einpflegen der gespielten Karten in die Grafiksysteme zu erleichtern, werden derzeit neue Karten und Pokertische entwickelt. In die Karten werden winzige Chips eingefügt und sobald sie vom Spieler über eine gewisse Stelle am Tisch gezogen werden, erkennt ein im Filz eingebauter Sensor die Karten und leitet die Informationen an den Grafikcomputer weiter. So sehr diese Erfindung den TV-Produktionen hilft, so sehr wird es beim Pokerspieler ein seltsames Gefühl hervorrufen, wenn er weiß, er spielt mit Karten, in die Chips integriert wurden.

On Tilt

Gefährlich wird das eigene Spiel auch, wenn man panikartig reagiert oder extremen Stimmungsschwankungen ausgesetzt ist. Angenommen, Sie haben Ihren Gegner korrekt eingeschätzt, Ihre Hand ist im Showdown ein 80 %-Favorit, verliert dann aber. Jetzt wäre es völlig verkehrt, daraufhin die Spielweise zu ändern oder den Gegner in eine andere Schublade einzusortieren. Das Allerschlimmste, was Ihnen widerfahren kann, ist das berüchtigte „On Tilt". Man ist so dermaßen angefressen, dass alles Rationale bei den zu treffenden Entscheidungen ausgemistet wurde. Das passiert manchen Spielern besonders nach unglücklich verlorenen Showdowns. Jetzt regiert die „Total-Egal"-Einstellung. 73o – Raise! All-in! Für die übrigen Spieler am Tisch ist das keine einfache Situation. Natürlich möchte jeder derjenige sein, der dem Dampfkessel die restlichen Chips abluchst. Da kann es passieren, dass sich manch einer

• • •

PROFI-TIPP (4)

„Auf die eigenen Instinkte vertrauen".

Ein Spieler der schon vor dem Ausführen einer Aktion zu sich selbst sagt: „Das geht sicher nicht gut", sollte diese Aktion nicht machen. Es wird fast immer schief gehen.

Matthias Rohnacher

1. Platz WSOP 1997

$1.500 Pot-Limit Omaha

• • •

selbst in eine schwierige Lage katapultiert und mühsam erlernte Grundregeln außer Acht lässt.

In kleinen Privatrunden werden als Beilage dann gerne ein paar deftige Sprüche gereicht. Wer jetzt die Übersicht behält, ist klar im Vorteil. Besonders gewiefte Spieler geben nach einer heftigen Niederlage auch nur vor „on tilt" zu sein. Überzogene Einsätze ohne Position, hoher Jammerfaktor, trotzdem können sich dahinter Hände wie AA oder KK verbergen! So manch einer hat dadurch dem Spieler „on tilt" wieder zum Aufdoppeln verholfen, weil man ja unbedingt mit J5o das All-In bezahlen musste. Beides muss also unbedingt vermieden werden: Selbst „on tilt" sein und gegen einen vor Wut dampfenden Spieler grundsätzlich andere Strategien zu verwenden.

Phil Ivey ist nicht Roger Federer

Wenn Sie als ambitionierter Hobby-Tennisspieler gegen Roger Federer antreten, werden Sie höchstwahrscheinlich nach wenigen Minuten deprimiert über den Platz schleichen. Ab und an wird Ihr Schläger den Ball berühren, aber es ist ausgeschlossen, dass Sie der Nummer 1 im Welttennis einen Satz abnehmen werden. Wenn Sie aber gegen Phil Ivey Poker spielen, sind Ihre Chancen zu gewinnen vergleichsweise sensationell. Langfristig werden Sie sehr wahrscheinlich gegen ihn verlieren, kurzfristig ist beim Poker aber alles möglich. Daher sollten Sie sich am Tisch in keinster Weise einschüchtern lassen. Die Chance, dass Sie AA bekommen, ist für Sie genauso hoch wie für Ivey, den schwedischen Onlinespieler oder den kahlköpfigen Sonnenbrillenträger. Nun ist es allerdings eher unwahrscheinlich, dass Sie in Ihren ersten Pokerrunden Phil Ivey treffen. Trotzdem kann ein Spieler mit dabei sein, vor dem Sie – aus welchen Gründen auch immer – mehr Respekt haben als vor den anderen. Sie sollten versuchen, Gefühle irgendwelcher Art abzublocken. Persönliche Sympathien oder Antipathien mit in die Überlegungen einzubauen, ob nun bezahlt wird oder nicht, macht wenig Sinn. Bleiben Sie Ihrem Schubladendenken treu, finden Sie für den Spieler Kategorien, die Ihnen helfen, mögliche Strategien zu durchschauen.

9. MANAGEN SIE IHR SPIELVERMÖGEN

Die E-Mail war sehr aufwändig gestaltet. Eine Dame schrieb mir, sie hätte ein Problem mit einer Spielsituation. Online-Poker, Limit Holdem $2/$4. Der Screenshot der Situation war als Anlage beigefügt. Ihre Hand war AQ, auf dem Tisch lag K-2-3-x-x (an Turn- und River-Karte erinnere ich mich nicht mehr). Sie fragte mich, wieso sie gegen den Typen mit dem Paar Könige verloren hatte. Sie habe doch eine Straight! Bei aller Liebe konnte ich bei ihr keine Straight entdecken. Am Ende ihrer Mail teilte sie dann noch mal mit, wie enttäuscht sie sei, Straight Q-K-A-2-3 und dann kein Gewinn. Soso. Ich antwortete ihr, dass man beim Poker keine Straße über das Ass bauen kann und dass sie bitte erst die Regeln genau lesen soll, bevor sie weiterspielt. Und dann auch nicht am erwähnten Tisch, sondern mit deutlich geringeren Einsätzen!

Das war zwar ein extremes Beispiel, aber es ist schon auffällig, wie sehr sich Anfänger überschätzen und an Tischen spielen, die weder ihren Fähigkeiten noch ihrem Vermögen entsprechen. Vor dem Pokerspiel haben manche Menschen Respekt und entgegnen häufig, sie hätten keine Lust, Haus und Hof zu verspielen. Allerdings kann beim Poker nur Haus und Hof verspielt werden, wenn es auch eingesetzt wird. Sie können auch beim Skat Ihr Auto verspielen oder bei „Siedler von Catan". Und zwar immer dann, wenn Sie es einsetzen. Beim Poker unterschätzen viele Einsteiger die angegebenen Limits. Spielen Sie an einem $2/$4-Limit Holdem Tisch, wie die verwirrte Dame, dann sind die Blinds bei $1/$2, nach dem Flop ist der Mindesteinsatz $2, nach Turn und River $4. Mit entsprechenden Erhöhungen sind da schnell 30 Dollar investiert. Noch wilder sind im Cashgame No-Limit-Tische. Hier gibt es Tische, die beständig niedrige Blinds haben und auch nur eine gewisse Summe als Buy-In erlauben.

Beispiel: Small Blind $1, Big Blind $2 und als Buy-In darf maximal $120 verwendet werden. Zwar sind die Blinds niedrig – Anfänger lassen sich davon blenden –, aber den Einsätzen sind nach oben keine Limits gesetzt. Auf diesen Leveln tummeln sich viele (semi-) professionelle Spieler, daher sollte man als Einsteiger einen Riesenbogen um solche Tische machen. Es gilt als unbedingte Empfehlung, zu Beginn der Pokerkarriere nur um minimalste Einsätze zu spielen. Es gibt Tische mit Blindbeträgen von 1c/2c und einem maximalen Buy-In von $5, hier sollte der Einstieg sein.

Bankroll

Wir verlassen nun die Ebene des Gelegenheitsspielers, der zweimal im Jahr zu einer Runde eingeladen wird, und betreten einen Bereich, der von vielen Pokerspielern unterschätzt wird.

Eine Bankroll ist das Spielvermögen. Kapital, das ausschließlich für das Pokerspiel eingesetzt wird. Der Stand der Bankroll sollte keinerlei Auswirkungen auf alle übrigen finanziellen Spielräume in Ihrem Leben haben. Ein guter Pokerspieler ist auch ein erstklassiger Verwalter und Bewahrer von Kapital. Wer sich eine Bankroll aufbauen möchte, muss sich an bewährten Verhältnismäßigkeiten orientieren. Mit einem Spielkapital von $6 können Sie einen Start bei einem 1c/2c-Tisch rechtfertigen. 300 Big Blinds sollten die Grundlage für die Ebene sein, die Sie spielen möchten, damit Sie eventuelle Pechsträhnen abfangen können. Umgerechnet auf die bei Anfängern beliebten $1/$2-Limit-Tische bedeutet es für Ihr Pokerkonto, dass sich dort mindestens ein Saldo von 600 Dollar befinden sollte. Bei Turnieren ist es nicht anders. Viele Einsteiger spielen gerne $5+1-Sit-and-Go-Turniere. „+1" ist das so genannte Rake, also das Geld, was das Casino an Gebühr einstreicht. $5 wandern in den Preistopf. Hier empfehlen Profis eine Bankroll von 170 Dollar.

Im Internet finden Sie zahlreiche Informationen zum Bankroll-Management, auch unterschiedliche Ansätze.

Der größte Feind beim Poker ist die Versuchung. Viel zu häufig spielen Anfänger an Tischen, die sie besser nicht spielen sollten. Die Höhe der Einsätze, die sich selbst an einem $1/$2-Limit-Tisch ergeben kann, wird stark unterschätzt. Bedenken Sie immer, die Bankroll ist die Grundlage Ihres Spiels. Es gibt viele junge Onlinespieler, die zu Anfang wenige Euro investiert haben, diszipliniert auf den kleinsten Limits angefangen haben, um sich nach oben zu arbeiten. Genaue Vorgaben, welche Limits mit welcher Bankroll und bei welchen Erfolgen oder Rückschlägen das Limit oder das Buy-In gewechselt werden sollte, wird es hier nicht geben. Es gibt erfolgreiche Spieler, die haben nie ein striktes Bankroll-Management betrieben. Sie haben ein $100-Buy-In-Turnier gespielt, gewonnen und den Gewinn direkt in ein $200-Turnier investiert. Das ist für Sie als Anfänger sicherlich keine gute Idee. Testen Sie Ihr Können auf den kleinstmöglichen Limits, den preiswertesten Turnieren. Sie bekommen dann ein gutes Gefühl dafür, wie eine Pokerrunde abläuft. Wenn Sie unbedingt mal ein Turnier spielen wollen, bei dem der Preistopf von Anfang an gut gefüllt ist, so gibt es dazu auch immer zahlreiche Qualifikationsturniere. Hier kann man sich bei einem Einsatz von wenigen Dollar das Buy-In für ein größeres Turnier erspielen. Oder Sie halten Ausschau nach den sehr beliebten Freerolls. Bei diesen Turnieren verzichtet der Veranstalter auf ein Buy-In, allerdings sind diese kostenlosen Events ausgesprochen stark frequentiert, weil Sie extrem schonend zur Bankroll sind....

„Was raten Sie jungen Leuten, die mit dem Pokerspiel beginnen?"

Dank des Pokerbooms kommt man als Poker-Kommentator oft in die Verlegenheit, ein Interview geben zu müssen. Die Fragen sind ähnlich. Wie sind Sie zum Poker gekommen? Warum wird Poker im TV gezeigt? Wie definiert sich Ihre Zielgruppe? Was raten Sie jungen Leuten, die mit dem Pokerspiel beginnen?

Stopp!

Fangfrage. Junge Leute. Ratschläge. Poker. Ein Kartenspiel. Jetzt ist Vorsicht angesagt, die Antwort beeinflusst unter Umständen einen jungen Kerl bei der Berufswahl. Zum Glück gibt es Barry Greenstein. Barry gilt als die große moralische Instanz in der seltsamen Pokerwelt. Profispieler, aber anders. Er ist einer der besten Spieler der Welt, speziell beim Cashgame. Greenstein spielt in Las Vegas beim legendären „Big Game", wo die Besten, Tollsten und Reichsten in einer Nacht Hunderttausende umsetzen. Er hat eine eigene Stiftung, die sich um Kinder in der dritten Welt kümmert, viele kennen ihn als den „Robin Hood des Poker". Ich traf Barry bei einem Pokerturnier und fragte ihn nach seiner Vorbildfunktion für junge Leute. Seine Antwort war verblüffend: „Ich rate jungen Leuten prinzipiell davon ab, Pokerprofi zu werden. Geht aufs College, erlernt einen normalen Beruf und kümmert Euch um Freunde und Familie." Kein Tipp für eine gut gemanagte Bankroll? Wie spiele ich das mittlere Paar ohne Position? Stattdessen schimpft er über die junge Generation, die ihr Leben am Pokertisch und am PC verschwendet. „Diese Leute werden mit 40 auf ihr Leben zurückblicken und in ein großes Nichts schauen."

Das stimmt. Aber sagen Sie das einem Anfang 20-jährigen, der Tausende Euro mit Poker verdient, mit Kumpels abfeiert und das Studium auf Eis gelegt hat. Die Generation „Flower Poker" mit dem unbeschwerten Lebensgefühl, das man eben nur in jungen Jahren hat. Wäre Greenstein ihr nicht auch erlegen, wenn es den Boom und das Internet vor 25 Jahren gegeben hätte?

Viele erfahrene Spieler sind aber der Meinung, dass die wahre Prüfung auf die Jungprofis erst noch zukommt. Kein Pokerspieler hat eine Bilanz, die über 20 Jahre stetig positiv ist. Was passiert, wenn man mit Mitte 30 einen massiven Downswing erfährt, die Karten nicht so fallen wie gewünscht und die Bankroll aufgezehrt ist? Eine Berufsausbildung ist nicht vorhanden, die Rückkehr in ein „normales" Leben wird mehr als schwerfallen, da es dieses Leben eigentlich nie gegeben hat.

Mama hat recht

Meine Mutter sagt, wer alles in Maßen genießt, kommt gesund durchs Leben. Das ist zu 100 % meine Philosophie geworden. Egal, was Sie im Übermaß tun, es wird Ihnen langfristig schaden. Wenn Sie zu viel essen, werden Sie übergewichtig, zu viel Alkohol oder Zigaretten schaden ebenfalls. Zu viel Macht oder Sex, Sie werden besessen – eine Reihe, die man beliebig fortführen kann. Wenn Sie nur noch Poker spielen, werden Sie Probleme in Ihrem sozialen Umfeld bekommen. Und wenn Sie schlecht Poker spielen, bekommen Sie zusätzlich ein finanzielles Problem. Studium oder Berufsausbildung, Partner und Freunde, alles ist wichtiger als der Pokertisch. Es ist ein wunderbares Kartenspiel und als gelegentlich betriebenes Hobby fantastisch. Sie können trotzdem die schönsten Turniere mitspielen, aber um den Lebensunterhalt damit zu bestreiten, braucht es schon ein gewisses Rüstzeug.

10. DISZIPLIN

Beachten Sie strikt die Regeln 1 bis 9. Danke. Das war's. Gutes Blatt.

Die 10. Goldene Regel in zahlreiche Worte zu fassen, ist tatsächlich nicht einfach. Aber Disziplin ist ein Muss, eine Grundvoraussetzung. Als ich Anfang 2007 für die DSF-Reportage „Geheimnisse der Pokerchamps" diverse Profis interviewte, ergab sich eine beinah bizarre Situation. Ich habe jeden Spieler gebeten, in einem Satz zusammenzufassen, was es braucht, um ein Gewinner beim Poker zu werden. Ausnahmslos alle Spieler (u.a. Barry Greenstein, Chris Moneymaker, Greg Raymer, Joe Hachem) antworteten: Disziplin!

PROFI-TIPP (5)

„Versuchen Sie ständig ein hohes Maß an Konzentration zu halten und alle Informationen aufzunehmen."

Jan Heitmann

9. Heads-Up WM 2006

Es gibt beim Poker so viel zu beachten, es gibt so viele Fallen. Wirklich konsequent sein Spiel zu verbessern, Rückschläge zu verkraften, falsche Entscheidungen zu vermeiden, dazu braucht es in der Tat sehr viel Disziplin. Beim Poker fehlen Ihnen wichtige Informationen, zum Beispiel die Karten der Gegner oder die Karten, die noch kommen werden. Ein perfektes Spiel ist daher nicht möglich, das bedeutet, Sie können Fehler nicht verhindern.

Aber es muss das Ziel sein, die Anzahl der Fehler zu minimieren und dem Gegner keine Informationen zu übermitteln. Da versteht es sich von selbst, dass man seine sieben Sinne zusammen haben muss. Spielen Sie demnach niemals übermüdet und/oder unter Einfluss von Alkohol.

Lesen, lesen, lesen

Das Angebot an guter Pokerliteratur ist mittlerweile kaum noch zu durchschauen. Dutzende von Büchern, Hunderte Internet-Einträge, Magazine etc.

Wer sich gerne ausführlich mit Turnierpoker auseinandersetzen möchte, dem seien die Bücher von Dan Harrington empfohlen („Harrington on Hold'em"). Seine Reihe ist mittlerweile vom Geheimtipp zum Klassiker avanciert. Ansonsten gehen die Meinungen über Autoren und Inhalt stark auseinander. David Sklansky ist vielen zu mathematisch, dabei darf man diesen Bereich im Poker beim besten Willen nicht unterschätzen. An Doyle Brunsons „Supersystem I" und „Supersystem II" geht auch kein Weg vorbei, denn hier werden sämtliche Pokervarianten vorgestellt und erklärt. Für viele ist Texas Holdem nur der Einstieg gewesen, Omaha ist mittlerweile ebenfalls sehr beliebt und – wenn man ehrlich ist – auch das wesentlich abwechslungsreichere Spiel. Es ist nur von Vorteil, wenn Sie Ihren Blick auch auf andere Varianten werfen. Das Pokerverständnis wird dadurch extrem gefördert.

Beinahe exorbitant ist das Angebot im Internet angewachsen. Einen gewissen Kultstatus hat **www.twoplustwo.com**, eine sehr gut sortierte Webseite.

Spaß haben

Es gibt einen sehr netten Sketch von Loriot, bei dem die Herren Moosbach, Striebel und Vogel eine Runde Skat spielen. Herr Striebel und Herr Vogel nehmen die Runde ziemlich ernst, wohingegen der leicht naive Herr Moosbach (gespielt von Loriot) auch ein bisschen Spaß haben möchte. Dabei ist er ein ziemlich schlechter Skatspieler, was aber seiner Spielfreude nicht im Wege steht. Aus diesem Sketch mit seinem zauberhaften Ende („Kennen die Herren Schnipp-Schnapp?") möchte ich einen Satz von Herrn Moosbach zitieren:

„Ein guter Spieler lässt sich nichts anmerken, Herr Vogel! Spielen ist in erster Linie Charakterfrage."

Poker ist ein Spiel, bei dem sämtliche Schichten unserer Gesellschaft aufeinanderprallen. Jeder spielt es. Groß, klein, alt, jung, reich, arm und so weiter. Unterschiedlichste Charaktere, schwierige Spielsituationen, emotionale Momente. Nicht verwunderlich, wenn es an einem Pokertisch zu spannungsgeladenen Situationen kommt. Ein gewisses Maß an Zurückhaltung und ein hohes Maß an Respekt vor dem Spiel sollten immer angebracht sein. Bei der World Series of Poker 2004 kam es am Finaltisch des $5.000-Limit-Holdem-Events zu einem Eklat, als sich der angesehene Pokerbuchautor Jim McManus mit Elix Powers anlegte. Das Benehmen von Powers war eine glatte Sechs, giftige Sprüche, ständig lief er durch die Gegend, telefonierte am Tisch. Für McManus war die Grenze erreicht, als Elix ständig Chips setzte, obwohl er die Karten gar nicht kannte. „I bet in the dark!" war sein Standardspruch, unmittelbar bevor der Dealer den Flop auslegte. Im Poker-Deutsch gibt es keine Entsprechung, aber „Ich setze ins Blaue" trifft in etwa den Kern. Am Tisch entbrannte eine Diskussion. Während David Chiu der Meinung war, dass solche Spieler gut für das Poker-Image sind, war McManus völlig konträr: „Er bringt dem Spiel keinen Respekt entgegen. Er versteht die Schönheit des Spiels nicht."

Genau darum geht's. Poker hatte noch nie einen leichten Stand. Seit jeher hängt dem Spiel ein verruchtes Image an. Auch im allgemeinen Sprachgebrauch sind Begriffe wie „zu hoch gepokert" oder „Poker um..." eher mit dem Zockerstempel versehen. Poker im Kino ist immer Poker im Hinterzimmer. Poker spielten meistens Menschen aus dem speziellen Milieu. Es war nie gesellschaftsfähig – glücklicherweise ändern sich die Zeiten aktuell. Poker hat alles, was ein faszinierendes Spiel ausmacht. Es vereint Mut, Strategie, Glück und Psychologie.

Poker ist wie Boxen ohne Körperkontakt. Und beim Boxen gibt es ähnliche Diskussionen wie beim Poker. Für manche Menschen ist der Boxsport eine seelenlose Prügelei, für andere der klassische Kampf Eins-gegen-Eins, ein Jahrtausende alter Ritus, um den Stärkeren zu küren, jetzt und hier, ohne Umschweife. Auch Poker spielt mit den (vor allem männlichen) Urtrieben des Menschen, wie Macht, Jagd und Stärke. Bei alldem sollten Sie aber nie vergessen, dass es am Ende doch nur ein Spiel ist. Und Spiel muss immer auch mit Spaß verbunden sein.

SPIELREGELN

Die Grundregeln von Poker sind relativ leicht zu lernen. Allerdings gibt es mehrere Varianten (u.a. Holdem, Omaha, 7-card-stud) und eine Besonderheit, die es von anderen gängigen Kartenspielen grundsätzlich unterscheidet: Poker macht nur Sinn, wenn Einsätze getätigt werden. Das Abwägen von Chancen und Risiken ist der eigentliche Reiz des Spiels.

Grundlagen

Poker kann bereits ab zwei Spielern (Heads-Up) gespielt werden. Maximal zehn Spieler sitzen an einem Pokertisch, gespielt wird mit einem Kartenspiel von 52 Karten und Chips (auch Jetons genannt). Das Ziel ist es, das aktuelle Spiel zu gewinnen und Besitzer der im Spiel befindlichen Chips zu werden. Sieger wird man, indem man die beste Pokerhand aller beteiligten Spieler vorzeigt oder durch einen vorzeitigen Sieg, weil man der letzte aktive Spieler der Runde ist. Eine Pokerhand wird immer aus exakt fünf Karten gebildet, die höchste Hand gewinnt das Spiel.

Kartenkombinationen

Ein Pokerspiel besteht aus 52 Karten. Es gibt 13 Ränge – von der 2 bis zum Ass – zu je vier Farben:

Kreuz (clubs), Karo (diamonds), Herz (hearts), Pik (spades).

> ● ● ●
>
> 2<3<4<5<6<7<8<9<T<J<Q<K<A
>
> T steht für ten, eine Zehn
>
> J steht für jack, einen Buben
>
> Q steht für queen, eine Dame
>
> K steht für king, einen König
>
> A steht für ace, ein Ass

Zu beachten ist hierbei:

- Alle Farben sind gleichwertig:

> ● ● ●
>
> K♣ = K♦ = K♥ = K♠

- Asse können zusätzlich als „1“ eingesetzt werden, um eine Straße (straight) oder einen straight flush zu bilden.

> ● ● ●
>
> **Gängige Symbol-Schreibweisen:**
>
> AK(s) – Ass und König (in einer Farbe)
>
> Ax – Ass und eine beliebige andere Karte
>
> Ac, Ad, Ah, As – A♣, A♦, A♥, A♠

Eine Pokerhand besteht grundsätzlich aus einer Kombination von fünf Karten. Die gültigen Kombinationen in absteigender Reihenfolge sind:

1. Royal Flush

Die höchstmögliche Hand im Poker:

Ass, König, Dame, Bube, Zehn von einer Farbe.

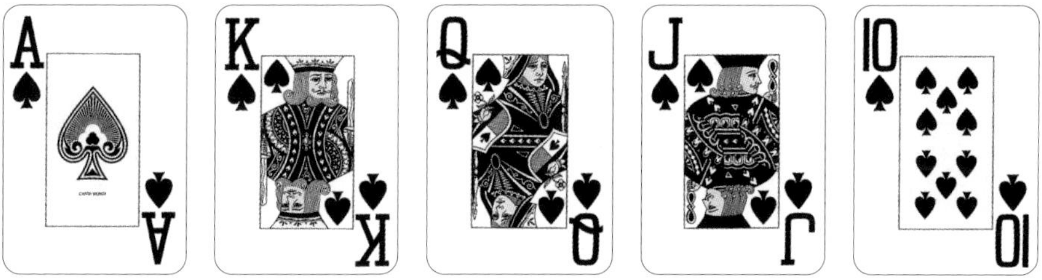

2. Straight Flush

Fünf Karten in einer Reihe in der gleichen Farbe. Bei Vergleichen innerhalb der Kategorie entscheidet das obere Ende der Straße.

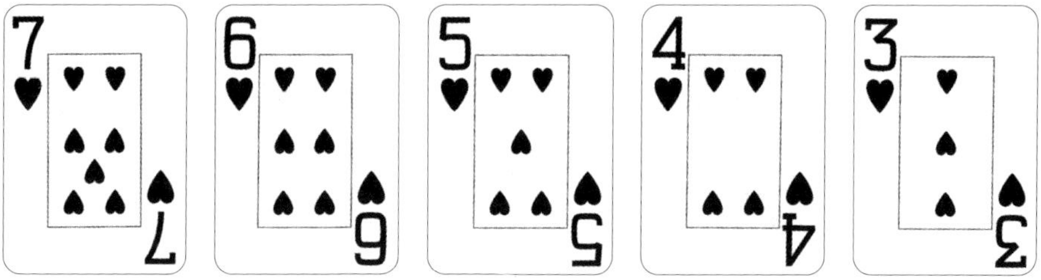

5♠ 4♠ 3♠ 2♠ A♠ = 5♣ 4♣ 3♣ 2♣ A♣

5♦ 4♦ 3♦ 2♦ A♦ < 6♥ 5♥ 4♥ 3♥ 2♥

3. Vierling

Alle vier Karten desselben Rangs. Im Zweifel entscheidet die fünfte Karte.

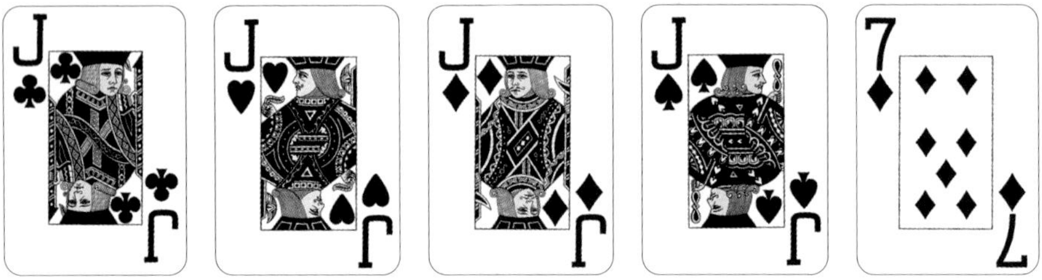

4. Full House

Drei Karten eines Rangs (Drilling), dazu zwei Karten eines anderen Rangs (Paar), wobei die Höhe des Drillings zunächst den Ausschlag gibt.

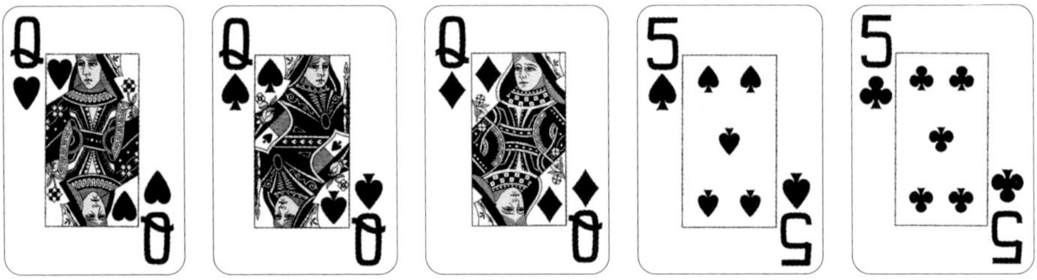

● ● ●

8♠ 8♦ 8♥ A♣ A♠ < 9♦ 9♠ 9♣ 2♥ 2♠

5. Flush

Fünf Karten von einer Farbe, wobei die höchsten Karten der Reihe nach den Ausschlag geben.

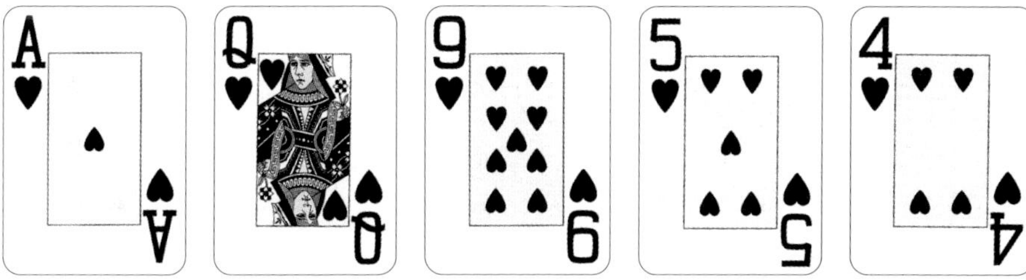

• • •

K♠ Q♠ J♠ T♠ 7♠ = K♣ Q♣ J♣ T♣ 7♣

K♠ Q♠ J♠ T♠ 7♠ < A♠ 6♠ 4♠ 3♠ 2♠

6. Straße

Fünf Karten in einer Reihe, wobei das obere Ende den Ausschlag gibt.

• • •

8♠ 7♦ 6♥ 5♣ 4♠ = 8♦ 7♠ 6♣ 5♥ 4♣

8♠ 7♦ 6♥ 5♣ 4♠ < A♠ K♦ Q♠ J♣ T♦

7. Drilling

Drei Karten eines Rangs. Bei Gleichstand entscheiden die weiteren Karten der Höhe nach.

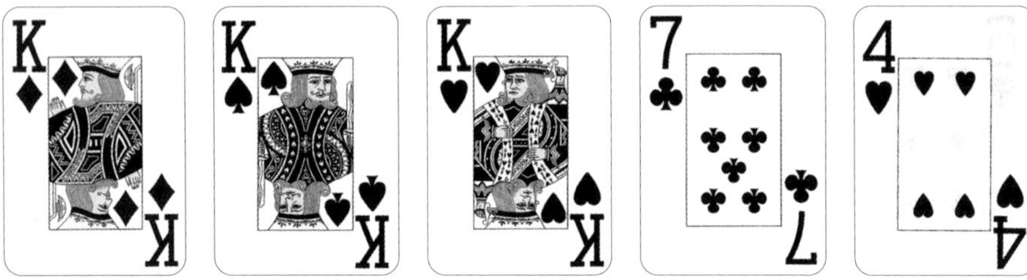

8. Doppelpaar

Zwei Paare. Es entscheidet zunächst das höchste Paar.

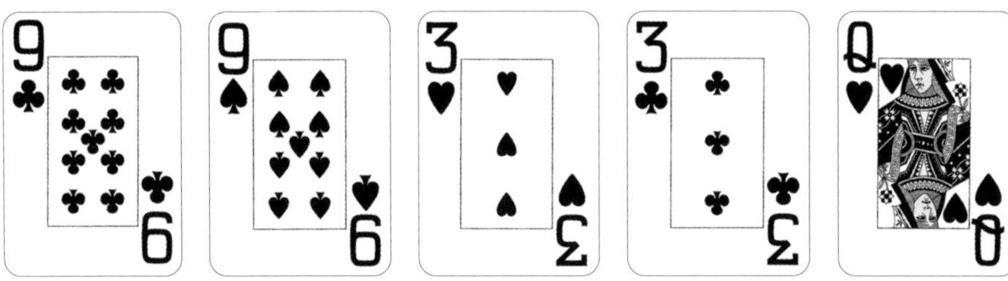

K♠ K♦ Q♠ Q♣ A♣ < A♦ A♠ 2♣ 2♥ 3♣

A♦ A♠ 2♣ 2♥ 3♣ = A♥ A♣ 2♠ 2♦ 3♠

9. Paar

Zwei Karten eines Rangs. Bei Gleichstand entscheiden die weiteren Karten der Höhe nach.

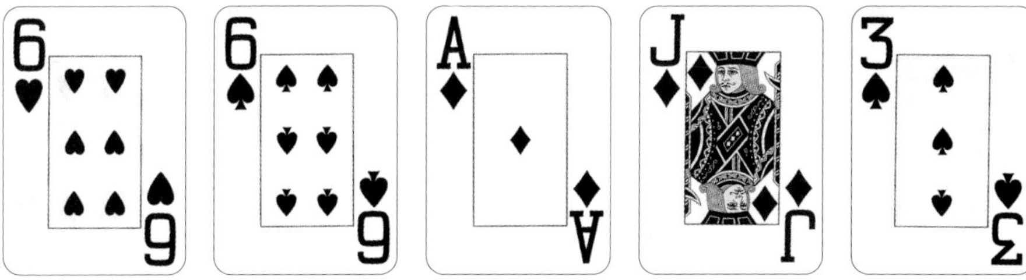

10. Höchste Karte

Keine der eben beschriebenen neun Kombinationen wird erreicht. Es entscheiden die Karten der Höhe nach.

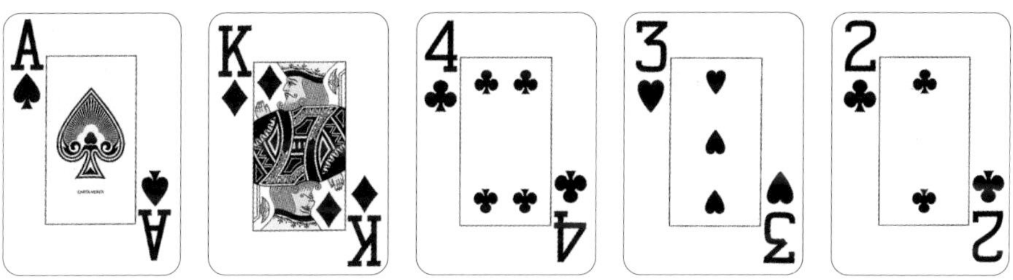

K♦ Q♠ J♦ T♠ 5♦ < A♦ T♦ 7♦ 4♦ 2♥

Diese Abstufung der Wertigkeiten der verschiedenen Kartenkombinationen begründet sich durch die Wahrscheinlichkeit, wie oft eine bestimmte Kartenkombination auftritt. Die folgende Tabelle stellt die Anzahl der Möglichkeiten der verschiedenen Kartenkombinationen dar und die prozentuale Wahrscheinlichkeit, die man für den Erhalt eines bestimmten Pokerblatts (man erhält exakt fünf Karten) hat.

Kombination	**Anzahl**	**Wahrscheinlichkeit**	**Wahrscheinlichkeit kumuliert**
Royal Flush	4	0,00015%	0,00015%
Straight Flush	36	0,00135%	0,0015%
Vierling	624	0,02%	0,032%
Full House	3.744	0,14%	0,17%
Flush	5.108	0,20%	0,37%
Straße	10.200	0,39%	0,76%
Drilling	54.912	2,11%	2,87%
Doppelpaar	123.552	4,75%	7,62%
Paar	1.098.240	42,25%	49,87%
Höchste Karte	1.302.540	50,13%	100%
Summe	2.598.960	100%	

Wie man sieht, ist die Wahrscheinlichkeit, einen royal flush in Händen zu halten, mit 0,00015% verschwindend gering. Hingegen hat man nach fünf zufällig ausgeteilten Karten fast jedes 20ste Spiel ein Doppelpaar und fast in jedem zweiten Spiel zumindest ein Paar auf der Hand.

Diese Tabelle soll Anfängern vor allem dazu dienen, ein Gefühl für die Wertigkeiten von verschiedenen Blättern zu gewinnen und somit die Stärke der eigenen Hand besser einschätzen zu lernen: Wie wahrscheinlich ist es, dass ein anderer Spieler unser aktuelles Blatt besiegt?

Diese Wertigkeiten sind in jeder Spielvariante identisch, besitzen folglich Allgemeingültigkeit im Poker.

Sie sind eine der beiden großen Säulen, auf denen gutes Pokerspiel basiert. Auf diesen Wahrscheinlichkeiten aufbauend, haben sich alle etablierten Strategien, ja sogar die verschiedenen Pokervarianten selbst, entwickelt.

Die andere Säule ist wesentlich schwerer greifbar. War die erste der rationale, so ist die zweite der emotionale Aspekt im Pokerspiel. Menschenkenntnis, Intuition, das Gefühl für die Situation sind passende Umschreibungen. Auch diese Stärken lassen sich wie ein Muskel trainieren.

Spielablauf

Vor der ersten Runde wird die Position des Dealerbuttons festgelegt. Im privaten Rahmen wird dadurch auch der tatsächliche Geber (natürlich nur für die erste Runde) ermittelt. Jeder Spieler bekommt eine Karte, die höchste Karte gewinnt. Haben zwei oder mehr Spieler die gleiche höchste Karte, so entscheidet die Farbe in der Reihenfolge Pik, Herz, Karo, Kreuz.

Die beiden Spieler links vom Dealer müssen die Blinds entrichten – Zwangseinsätze, die in jedem Fall bezahlt werden. Der erste Spieler links vom Dealer zahlt den Small Blind, der nachfolgende Spieler den Big Blind, in den meisten Fällen handelt es sich um den doppelten Betrag des kleinen Zwangseinsatzes. Die erzwungenen Einsätze sind typisch für die Pokervarianten Holdem und Omaha. Es gibt auch Situationen, in denen von Spielern ein Ante verlangt wird. Dabei handelt es sich um einen Zwangseinsatz, der von jedem Spieler am Tisch geleistet werden muss. Insbesondere in späten Phasen eines Turniers werden von den Spielern Antes verlangt. Dadurch erhält der Anfangspott eine deutlich lukrativere Höhe.

Der Spieler nach den Blinds eröffnet die erste Setzrunde. Für ihn besteht die Möglichkeit mitzugehen (call), zu passen (fold) oder zu erhöhen (raise). Bei einem Call muss die Höhe des Big Blinds bezahlt werden, bei einem Raise mindestens der doppelte Big Blind.

So wird im Uhrzeigersinn jeder Spieler gefragt, zum Abschluss auch der Spieler im Big Blind. Für ihn gibt es die Möglichkeit, den Einsatz nochmal zu erhöhen. Sollte vor ihm bereits erhöht worden sein, so muss er selbstverständlich nachlegen, wenn er weiter am Spiel beteiligt sein möchte.

Es gibt demnach die Pflicht, einem Einsatz nachzukommen und ein Recht, den Einsatz zu erhöhen. Sobald alle aktiven Spieler den gleichen Einsatz gebracht haben, werden weitere Karten ausgegeben, bei Holdem und Omaha spricht man von den Gemeinschaftskarten.

Texas Holdem

Jede Runde Texas Holdem beginnt mit dem Setzen der Blinds. Jeder Spieler erhält zwei verdeckte Karten (pocket cards), die ihm allein gehören. Im Anschluss gibt es die erste Setzrunde. Nun werden die ersten drei Gemeinschaftskarten aufgedeckt (flop). Diese drei Karten gehören jedem noch aktiv am Spiel beteiligten Spieler. Die aktiven Spieler dürfen aus den Gemeinschaftskarten und ihren persönlichen Startkarten die eigene Pokerhand konstruieren. Jetzt folgt die zweite Setzrunde. Im Anschluss wird die vierte Gemeinschaftskarte ausgelegt. Wieder darf jeder noch beteiligte Spieler seine bestmögliche Konstellation ermitteln. Es gibt eine weitere, die dritte Setzrunde. Abschließend wird die letzte Gemeinschaftskarte offen gelegt, die Riverkarte. Danach wird eine letzte Setzrunde gespielt.

Kommt es zum Showdown, wird die beste Kombination gewertet. Es zählen IMMER die fünf besten Karten. So kann es durchaus passieren, dass die fünf Gemeinschaftskarten die bestmögliche Kartenkombination darstellen. Immer dann, wenn zwei oder mehrere Spieler die identische gleich gute Kombination einer Pokerhand halten, wird der ausgespielte Pott geteilt.

Omaha

Leider fristet die Pokervariante ein Schattendasein. Dabei ist sie wesentlich abwechslungsreicher und oftmals auch spannender als Holdem. Viele Pokereinsteiger wagen sich nicht an Omaha, da es komplexer und für Anfänger verwirrender ist als der beliebte große Bruder Texas Holdem. Die Regeln und Spielabläufe bei Omaha sind identisch zu Holdem, es gibt allerdings zwei wichtige Unterschiede.

Jeder Spieler bekommt vier verdeckte Startkarten.

Von diesen vier Karten muss jeder Spieler GENAU zwei Karten in seine Pokerhand einbringen zuzüglich drei Karten aus dem Satz der Gemeinschaftskarten.

Jeder Spieler, der ernsthaft an einer intensiven Ausübung seiner Poker-Leidenschaft interessiert ist, sollte sich in jedem Fall auch mit Omaha beschäftigen.

GLOSSAR

Die wichtigsten Begriffe für Sie im Überblick:

Begriff	Erklärung
act	die Hand spielen: checken, setzen oder folden
active	am pot beteiligter Spieler
ajax	die Kombination Ass, Bube als Startkarten
all-in	alle Jetons setzen
ante	erzwungener, von jedem Spieler zu bringender Einsatz
backdoor	die turn und river Karten zum Bilden einer Hand benutzen
bad-beat	eine favorsierte Hand verlieren
beat-the-board	eine Hand, die die aktuellen nuts schlagen kann
belly buster	siehe inside straight
bet	setzen
big chick	die Kombination Ass, Dame als Startkarten
big slick	die Kombination Ass, König als Startkarten
blank	eine Gemeinschaftskarte, die vordergründig nichts bewirkt
blind	ein von bestimmten Sitzpositionen erzwungener Mindesteinsatz
bluff	eine schwache Hand spielen, als ob sie stark wäre
board	alle offenen Karten
boat	siehe full house
bottom pair	ein Paar mit der niedrigsten Gemeinschaftskarte
broke	pleite
button	ein Zeichen für den Geber
buy-in	zu entrichtende Summe, um mitspielen zu dürfen
call	halten des geforderten Einsatzes
cash-game	normales Pokerspiel ohne Turnierstruktur
check	abwarten, äquivalent zu einem bet in Höhe von 0
check-raise	zunächst checken, um einen eventuellen bet zu raisen
chip	Jeton
chipleader	der Spieler mit den meisten Jetons
community card	siehe Gemeinschaftskarte
connector	Startkarten von zwei aufeinander folgenden Rängen
cowboys	zwei Könige als Startkarten

dealer	Geber
deception	das Täuschen der Gegner
dog	Kurzform von underdog
dominated hand	eine Hand, die gegen eine ähnliche, aber bessere Hand fast sicher verliert
Doppelpaar	zwei Karten eines Rangs und zwei Karten eines weiteren Rangs
draw dead	unabhängig von den ausstehenden Karten die schlechtere Hand halten
draw poker	Pokerpiel mit fünf Startkarten und Kartentausch
draw-hand	eine aktuell schwache Hand, die im weiteren Verlauf besonders stark werden kann
Drilling	drei Karten eines Rangs
early position	eine Position, die früh handeln muss, also links vom Geber
fifth street	siehe river
flop	die ersten drei, gleichzeitig gegeben Gemeinschaftskarten
flush	fünf Karten derselben Farbe
fold	aussteigen
fourth street	siehe turn
free-card	das Erhalten einer Gemeinschaftskarte ohne dafür Einsatz bringen zu müssen
full house	drei Karten eines Rangs, dazu zwei Karten eines anderen Rangs
Gemeinschaftskarte	offene Karte in der Tischmitte, die jedem Spieler gleichzeitig zur Verfügung steht
gutshot straight	siehe inside straight
Hand	eine nach Wertigkeit messbare Kombination aus fünf Karten
heads-up	zu zweit spielen
helpcard	siehe out
high-card	eine hohe Karte
hit	das board trifft die Startkarten
höchste Karte	die niedrigste Kategorie von Pokerhänden
hole cards	siehe pocket cards
hooks	zwei Buben als Startkarten
implied odds	die aktuellen pot-odds mit angenommenen zukünftigen Gewinnen
inside straight	eine Straße, der zuletzt eine Innenkarte fehlte
jack	ein Bube
kicker	nicht gepaarte Beikarte, um über die bessere zweier ähnlicher Hände zu entscheiden
kojak	die Kombination König, Bube als Startkarten
ladies	zwei Damen als Startblatt
late position	eine Position, die spät handeln muss, also rechts vom Geber
limit	Poker mit festgelegten Einsatzhöhen
limp	ohne raise ins Spiel einsteigen
loose	wenig selektive Spielweise

made-hand	auch ohne weitere Unterstützung des boards als stark einzustufende Hand
marriage	die Kombination König, Dame als Startkarten
maverick	die Kombination Dame, Bube als Startkarten
middle position	eine Position, die weder besonders früh noch spät handeln muss, also vom Geber entfernt
multiway pot	pot mit mehr als zwei aktiven Spielern
no-limit	die Einsätze sind jederzeit in beliebiger Höhe erlaubt
nuts	die in der aktuellen Situation stärkste Hand
offsuit	verschiedenfarbige Startkarten
omaha	Pokerpiel mit vier Startkarten und fünf Gemeinschaftskarten
online-poker	Poker, gespielt über das Internet
open-ended straight	eine Straße, der zuletzt eine Außenkarte fehlte
out	Karte im Deck, die die Hand entscheidend verbessert
outdraw	das Spiel aufgrund des Erscheinens einer helpcard gewinnen
overcard	eine Karte, höher als die höchste offene Karte
overpair	pocket pair, das höher als die höchste Karte am board ist
Paar	zwei Karten eines Rangs
pair	siehe Paar
play-the-board	keine pocket card einbringen können
pocket cards	Startkarten
pocket pair	ein Paar als Startkarten
pocket rockets	zwei Asse als Startkarten
position	Position am Tisch in Relation zum button
pot	alle Jetons in der Mitte des Tisches als Gewinn für den Sieger
pot-committed	eine Situation, in der das Verhältnis pot:stack so beschaffen ist, dass das Weiterspielen sehr nahe liegt
pot-limit	der Höchsteinsatz ist gleich dem aktuellen pot
pot-odds	die Jetons im pot im Verhältnis zu den zu entrichtenden Jetons
potsize	aktuelle Größe des pots
pre-flop	die Situation vor dem flop
quads	Vierling
rag	unbedeutende, oft niedrige Karte
raise	erhöhen
rake	erhobener Anteil der ausrichtenden Partei am pot
re-raise	einen raise erhöhen
ring-game	siehe cash-game
river	die fünfte und letzte Gemeinschaftskarte
royal flush	höchstmöglicher straight flush, die beste Hand im Poker
runner-runner	siehe: backdoor
scare card	eine Gemeinschaftskarte, die die Spielsituation stark verändert
second pair	ein Paar mit der zweithöchsten Gemeinschaftskarte
semi-bluff	bluff in Kombination mit einem draw

set .... ein mit einem pocket pair gebildeter Drilling
seven card stud .... Pokerpiel mit zwei verdeckten, vier offenen und einer finalen verdeckten Karte
short-handed ...... unvollständig besetzter Pokertisch
short-stack .... ein Spieler mit relativ wenig Jetons
showdown .... finaler Kartenabgleich um den Sieger des pots festzustellen
sit and go .... ein Turnier, das startet, sobald genügend Teilnehmer vorhanden sind
slowplay .... eine starke Hand spielen, als ob sie schwach wäre
split-pot .... pot, der mehr als einen Sieger hat
stack .... die Anzahl der Jetons eines Spielers
stehlen .... den pot durch bluffen gewinnen
straight .... siehe Straße
straight flush ...... fünf Karten derselben Farbe in einer Reihe
Straße .... fünf Karten in einer Reihe
suited .... gleichfarbige Startkarten
table-image .... aktuell wahrgenommenes Charakterbild eines Spielers
table-stakes .... Pokerregel, nach der jeder Spieler höchstens seinen stack setzen kann
tell .... ein versehentlicher Hinweis auf die Stärke persönlicher Karten oder zukünftige Aktionen
texas holdem ...... Pokerpiel mit zwei Startkarten und fünf Gemeinschaftskarten
tight .... sehr selektive, restriktive Spielweise
top-kicker .... bestmögliche Beikarte
top-pair .... ein Paar mit der höchsten Gemeinschaftskarte
trash-hand .... schwache Startkarten
trips .... Drilling
turn .... die vierte Gemeinschaftskarte
underdog .... Außenseiter
under-the-gun ..... Position, die als erste im Spiel handeln muss
unsuited .... siehe: offsuit
Vierling .... vier Karten eines Rangs
WPT .... World Poker Tour
WSOP .... World Series of Poker